擁有勇氣、信念與夢想的人，才敢狩獵大海！

威海風雲　烽火凱聲

—王凱聲先生參加八年抗戰紀實

目　錄

思念與感恩

附錄

〈序一〉 八年抗戰血淚篇

　　翻閱中華民國建國以來的歷史，從民國廿六年至民國卅八年這十三年時間，應該是最為動亂不安的年代。其中，前八年是日寇侵華，神州沉淪，血腥遍野，千千萬萬苦難同胞，在戰亂中流離失所，妻離子散，苦不堪言。緊接在抗戰勝利後又發生國共內戰，喘息未定的千萬黎民，又不得不再嚐戰亂之苦。直至民國卅八年政府遷台，中華人民共和國成立後，形成兩岸分治，雖然海峽仍時聞砲聲，但畢竟有海洋阻隔，局勢總算逐漸安定下來，這才使兩岸同胞有了休生養息的機會，兩岸社會也逐漸有了繁榮昌盛的景象。

　　從民國廿六年至卅八年這一段長達十三年的慘痛歷史，對於我們這一代在生活安定豐衣足食環境中成長的青年人說來，可能已很少有人了解，而且也似乎很少有人想去了解。但是對於像我父親這樣一個飽經戰亂的人來說，那是他一生中刻骨銘心、終身難忘的一段痛苦經歷，但因為父母親曾經親自參與過八年抗戰，為抵抗日軍侵略而冒險犯難，犧牲奉獻，所以那也是父親深感驕傲並引以為榮的一頁歷史。

　　我的父親王凱聲，求學時的名字叫王玉林，出生於民國八年，七七事變日寇侵華那年，他還是一個高中剛剛畢業的學生，七七蘆溝橋事變就是在他們準備畢業考試時發生的事。日寇侵華的戰火點燃當時愛國青年的報國熱忱，父親在十八歲尚未弱冠之年，就走上了從軍報國的道路。八年抗戰期間，父親參加過在敵後抗日游擊部隊，曾和日本軍隊多次正面交鋒，冒槍林彈雨在戰場上和日寇拼得你死我活，後來又曾一度從事敵後地區蒐集情報的地下工作，不斷週旋於日本人和敵偽情報人員之間，也曾有過不少進龍潭入虎穴九死一生的驚險遭遇。當父親年邁時還常常向我們談起當年在游擊戰區以及爾後從事地下工作的艱辛經過。父親時常感慨的說，雖然已事隔多年，但回憶起來，仍然會猶有膽戰心驚之感。

　　八年抗戰，終獲勝利，那一年我的父親才廿六歲，因已成家，原本有意解甲經商，不料於復員還鄉之後，又受當年軍中同僚之邀出任警政工作，名義上的職責是除奸肅貪，但沒想到的是，從此又捲入國共鬥爭地下工作的漩渦，直至民國卅七年方才離職轉業。而就在此時，國共戰爭情勢已發生激烈變化，北平淪陷後，華北地區不久即為共軍席捲，在不得已情況下，父親舉家南遷，最初是逃亡至青島暫住，但停留未久，大局又急轉直下，中共四十萬大軍渡江，上海岌岌可危，接著是武漢成都相繼失守，神州沉淪，倉惶之際，我們全家幸獲當年在山東從事地下工作時期的父親友人相助，得以乘輪船渡海來台，隨父親來台的親友有王玉璞、張喜田、郭美林、張在倫、汪君涵、王玉彬、郝宏恩、吳子榮、劉寶銀等人，大家於卅八年六月安抵寶島台灣，誠屬邀天之幸。

　　歲月如梭，來台轉眼已卅多年，母親、姥姥身體健朗，全家生活無虞，父親本想從此過退休生活，但因年輕時那一頁一頁戰爭往事，卻總是一直橫亙心頭，揮之不去。而且，這不僅是父親個人的回憶，同時也是我的父親和我的母親兩人的共同回憶。

　　父親與母親相識於中學校園，相知於敵後烽火戰地。二人曾在那烽火彌天的敵後地區並肩作戰，也因此靈犀互通進而共締鴛盟，結婚成家生子。多年共處，埋藏在父母親記憶深處的共同回憶實在太多太多了，從抗戰開始到勝利結束，父母親經歷豈止九死一生！因而父親趁年雖老邁而力尚未衰之時，執筆撰寫了一本回憶錄，以紀念他當年投筆從戎和對日抗戰九死一生的一段歷史。他老人家寫這段回憶不僅是為了感恩，更希望獻給所有在戰爭中曾經拯救或幫助過他的恩人，希望上天能保佑他們的子孫。他老人家也呼籲大陸政府能做好最後照顧抗戰老兵生活；同時也間接說明了台灣與大陸同屬一個中國。

　　這本回憶錄脫稿於民國七十六年，在完稿後第二年父親便不幸過世，隨後十年，老母也駕鶴仙遊，以致迄未付梓。如今，父親過世又將屆卅年了，偶翻書櫃重新捧讀父親原稿，感慨萬千之餘，因而同時動念整理成

冊，付梓出版，一則可告慰亡父在天之靈，同時又因今年恰逢對日抗戰勝利七十週年，若能使廣大社會讀者一覽當年熱血青年從軍報國之熱忱，以及他們如何為救國救民而冒險犯難犧牲奮鬥的艱苦經歷，乃至於當年日寇侵華時之險惡戰爭形勢，亦可從父親此書中睽其大概，這就是我們這些身為人子者出版父親遺著的主要目的。這本「七七抗戰血肉篇」雖然只是大時代的小故事，卻訴說了八年抗戰期間許許多多敵後無名英雄的故事，和他們獻身報國、成仁取義的精神，將永垂不朽。

（附記：父親的手稿承蒙孫光學長協助整理，附筆敬致謝忱。）

長子明生 長女馥妤 次子勝生 次女馥美 三子富生 四子貴生

長子明生、長女馥妤、次子勝生、次女馥美、三子富生、四子貴生合影。

〈序二〉我們這一家的故事　　王凱聲
── 王家的源流　忠義之精神

　　遠祖子玉公於遜清乾嘉年間由浙江紹興山陰北遊，至河北省靜海縣城南二十里運河西岸，正是春暖季節，望眼無際的一片綠色大平原，河畔垂楊桃杏盛開，欣慕此間天然景色，驕陽普照令人陶醉，遂墾地定居命名為「小集村」是為靜海三槐堂王氏開基之地，族分四門，北門一脈於民國三十八年南遷本島者，有潔忱公暨余與玉璞弟二支今已繁盛丁口六十餘人。

　　祖父鳳和公，生伯父兆有公、父親兆發公暨姑母二人，父親生於民國紀元前十八年，讀書數年即棄學務農、祖父昆仲四人合耕薄田四十畝，田中生鹼不長豆麥僅收少許粗糧，不敷全家充饑，祖父攜二子租木船，航行運河南北運送客貨為業，人稱「王管船」，民初內戰船被官兵徵用，遂遷居天津縣小哨口鎮趙家莊，租地種菜，兆有公以騾車運往城市販賣維生，嗣因水災為害田園房舍流失殆盡，全家又遷住楊家莊，距天津市僅八華里，伯父與父親二人以騾車運貨，以津浦鐵路天津西站卸貨轉送為主，父親二十五歲雙臂各挾百斤重擔能登三樓，且能寫算流暢，被一大運輸公司天津同泰公僱用，從此弟兄二人互相照顧合作無間，家業漸興，在楊家莊置產擁有良田三十餘畝，騾馬十四輪車六輛。祖父鳳和公仙逝便即安葬於楊家莊北頭鐵路左側，立為王氏墓園。伯父生二子名玉山、玉璞。父親生余一人。

　　直奉戰爭逃難親戚有大姑母全家、二姑母子女、本族大伯獨生子景雲大哥、本族九叔兆舉公以及鄉親約三十餘人均遷居天津，父親則將老弱婦孺安置食宿就養，年輕力壯者九叔、姑丈、表哥、景雲大哥等十餘人分別安插勞工就業，從此自食其力，至戰爭平息也不想還鄉了，數年後多房兄弟均稍有積蓄，自此男婚女嫁均於天津落戶定居了。

　　余小學時曾暫住同泰公與看倉庫的吳老頭同屋，每天晚飯與吳老頭搭

伙，吃他煮的麵或饅頭炒菜，開始對一個陌生環境一切都覺得不對勁，同泰公的夥計有百餘人，張大爺、李二爺、趙伯伯、郭叔叔，使余數不清記不清，還有鐵路員工、警察、勞工什麼組什麼班，所有的人都對父親必恭必敬，可是父親不是同泰公的東家也不是總經理，余不知父親的職位，他們都稱父親為「王二爺」，猶憶當年在倉庫大門口有一個賣油炸包的跛子，每天早晨圍了一群人「抽籤子」賭輸贏。同泰公的員工以及鐵路工作的人，有的拿一個銅板（一元換三十六個銅板）抽贏了包子大請客，輸了就欠帳，賣包子的也從不計較還不還錢。余早晨去上學一出倉庫大門，總有人叫「少爺」送炸包吃，我也不敢不接受，一直到有一天看到父親掀長袍從腰袋中掏出一把鈔票給了賣包子的跛子，余不解其意，吳老頭說賣包子的跛子常常被人吃光了或是被人抽籤子輸光了，無錢買肉買麵，就向王二爺求助，有求必應。聽說車站碼頭的勞工組織都是用幾條人命拚出來的，余常見兩派勞工因故鬥械，拿刀拿棍勇猛不怕死，凡被打死殺死的人，就算「在籤」的人了，籤是一小片竹子寫上死人的名字，每天以這竹籤子輪流分取工資養活其家人，因此打起架來警察也不敢管，急得大喊；「快請王二爺來」，等到父親乘坐的人力車車伕飛跑著前來，打鬥的人聽到「住手！」是王二爺的聲音，便立即將刀棍齊丟，恭恭敬敬的任憑王二爺裁決。余不知父親的「權威」從何而來？他從不發怒不罵人不打人，一副莊嚴而和藹的態度，在家在外都是一樣。余常見逢年過節民給官送禮，不見官給民送禮者，但是鐵路警官或員工主管卻每逢年節向余家中送四樣或八樣厚禮，一副篤實的態度，完全不像是利害關係或利用價值的驅使。父親在天津鐵路運輸業及勞工界的地位如此崇高，決非以權勢作背景，以威武為手段所及，而是以信待人以義交人以德服人，以「忘我」的精神感召勞苦大眾所形成的。（延至日本侵華時代而不衰）。

　　有一天晚上父親巡視倉庫，正是吳老頭與余晚飯的時候，詢及余之飲食起居情形，吳老頭指著個大碗說：「少爺一頓能吃三大碗，好飯量！」余聽了誤以為與他搭伙嫌余吃的多，第二天放學先在街上吃了兩套燒餅夾

肉，晚飯時祇吃一碗麵，吳老頭再三問余為何不吃飽，余說：「爸爸有沒有給飯錢」，吳老頭說：「什麼飯錢，是吃公司的」，余說：「我不是同泰公的夥計，更不應該吃公司了」，吳老頭急的叫了一聲說：「小少爺你不知道，同泰公能有今天一大片產業和一百多員工，全線（津浦鐵路）十六個分公司，這些都是你爸爸創下來的」。余搖搖頭表示不相信，他細聲說道：「有一年可能小少爺你還沒出生，同泰公運糧列車超載三十餘列車，（超載是慣例，不超載淨賺手續費不夠喝涼水的，樹大招風有意想打垮同泰公就是了），被官方查扣在滕縣，照規定以運費五十倍的罰款，如繳不出店東必須坐牢三年以上七年以下，於是東家沈二爺攜家帶眷逃往日本了，官方祇查封了不動產，沒有拍賣可以繼續使用，你爸爸回家賣田帶來三百大洋（銀元）祇開支伙食，大家停薪一年繼續幹下去，想不到由你爸爸負責領導的這七年時間，大家團結一致，比原先更發達了。七年後沈二爺的兒子在日本大學畢業了，全家回國來，沈二爺本來沒有臉來同泰公，是你爸爸將他請來向員工們介紹這位同泰公的老東家，並把公司帳目清清楚楚的移交給他，你爸爸什麼名義都不要，直到現在這一百多位員工的心目中，誰不敬佩他服從他！

　　民國卅七年，余負責聯昌公司青島分公司業務時，華北局勢惡化，余主張公司遷台未果，當時青島分公司擁有流動資產約值美金五十萬元，（當時金價每兩五十美元，合黃金萬兩）總公司派毛協理來清理調回天津，余明知天津朝夕不保，調回資金一定落入中共手中，當時想起我父親當年「讓財」之美德，就毅然決然的聽命總公司將資金悉數繳回。完全不顧個人生計，以致一家六口登陸台灣時，僅有七塊銀元，七筒像紙，對你爸爸是僅有的財產，倖天主庇佑，一家人能共患難，只靠「信心」維持活命。因而於一九五三年皈依天主，精神上有了依託，終能突破重重難關。

　　于斌樞機主教寫給余一幅格言：「吾心信，則可行，雖移山填海之難，終有成功之日。」卅餘年來是余之座右銘。今日亦在此藉于主教此句格言，勉勵後裔。

附：名詞注釋

戰　　區：一九三七到一九四五年，日本派大軍侵入中國，引起長期戰爭，稱為
　　　　　八年抗戰，實際上打了八年一個月零八天。那時管正在打仗的地方叫
　　　　　戰區。

淪　陷　區：抗戰發生後，大體上是日軍由北而南、從東往西攻，佔領中國大片土
　　　　　地，因而凡是被日軍控制的區域，中國人均稱之為淪陷區。

國　統　區：日軍全面進攻，中國土地上從南到北形成一條很長很長的戰線，長線
　　　　　以西、由中央政府有效治理的這一半，當時被稱為「國統區」，也叫
　　　　　大後方。

解　放　區：戰爭期間，日軍只能佔據城市，控制鐵路公路。中國共產黨在鄉村和
　　　　　山地組訓民眾，發展游擊武力，建立地方政權，稱為解放區。

游　擊　區：中央政府也在淪陷區發展游擊武力、建立地方政權，稱為游擊區。

收　復　區：日本戰敗投降，淪陷區由中國接收，稱為收復區。

此外還有幾個熱門名詞。

軍事衝突：對中國人來說，抗戰是突然勝利的，誰也沒料到日本斷然求降，如何
　　　　　把半個中國接收過來，國民黨和中國共產黨發生嚴重的爭執。那些
　　　　　年，中共在華北各地發展很快，「解放區」的數量和實力超過中央遙
　　　　　控的「游擊區」，正規的國軍都隔著千山萬水。日軍從小據點撤退，
　　　　　向大城市集中，準備繳械回國，共軍立即就近填補空隙，擴充地盤，
　　　　　把星星點點的解放區連接成大片大片。中央政府禁止中共這樣做，派
　　　　　出國軍接收，把共軍趕出去，共軍抵抗，再打回來，於是這裡那裡都
　　　　　有槍聲炮聲。依官方的解釋，這不是戰爭，兩個國家之間打仗，而且
　　　　　經過宣戰，才叫戰爭；這也不算內戰，國民黨和共產黨尚未以兩個交
　　　　　戰實體兵戎相見，雙方因爭奪接收而發生的局部戰鬥，官方稱之為軍
　　　　　事衝突。

流亡學生：抗戰發生後，淪陷區的愛國青年離開家鄉，逃往大後方求學，稱為流
　　　　　亡學生。政府成立學校收容他們，並維持他們的生活。學校隨著戰局
　　　　　的變化遷徙不定，稱為流亡學校。

復　　員：一聲抗戰勝利，報上最常見的名詞是「復員」，正確的解釋是「國家
　　　　　由戰時狀態恢復到平時狀態」。但是當時盛傳「復員就是復原」，流
　　　　　亡學校即將結束，學生的公費即將停止。

從以上名詞的解釋，大概可以看出時代怎樣產生了這些名詞，也為歷史留下紀錄。

〈序三〉 完成抗戰未竟的 和平、民主統一大業

王勝生

　　近代中國基弱，遭致外敵入侵，自一八四〇年鴉片戰爭以來，我們社會、政治、經濟思想之變動，一方面由外來壓力的變動而起，另一方面是我們自身如何應付這外來壓力與變動的努力。

　　實際上是如何立國治國，如何改造和重建我們國家的原則問題，也就是中國的出路問題。中國立國五千年，豈無治國之道？但鴉片戰爭以來之世界為我們過去所未見，必須求新的道路了。而其理論前題，便是始而對西方文化，繼而對共產主義的態度問題。

　　一八五七年英法列強利用中國內戰，發動英法聯軍，勒索不平等條約；俄國又趁我們外患內亂，不費一兵一卒而囊括東北廣大土地。一八九四年日本發動甲午戰爭，我國戰敗，被迫割讓台灣、澎湖；一八九五年日本佔領台灣；此時，中國所受刺激之深，遠過於過去諸戰爭。國父孫中山鑒於清廷之腐敗，矢志推翻清廷；一八九六年孫中山倫敦蒙難，亦為舉世所知。此時正是英國社會主義流行之時，三民主義思想遂於此時誕生。

　　三民主義是一套建國方案，並不是一套西化論，而有超越論的精神。所以，大多數革命黨是傾向美法政體的。一九一一年辛亥革命推翻兩百多年的滿清統治，推翻了二千年的帝制，建立了亞洲第一個共和國。一九一四年第一次世界大戰爆發，日本立即出兵山東，翌年向中國提出二十一條。袁世凱稱帝失敗，中國陷於南北分裂（民國六年至十七年）達十一年之久，一九一九年（民國八年）巴黎和會中傳來承認日本佔領山東之訊，引發了北京的五四運動，以及全國性的反日運動。愛國之士發動「外抗強權，內除國賊」瓦解了親日政府，對世界表示了中國民族不可侮，而且促

進了中國國民運動之發展及新文化運動之演變，但共產主義也進而發展成為一個世界運動，逐漸代替西化思想和運動，此為中國思想史上一大轉向。

由五四運動到九一八的十二年間，是中國思想界由西化到俄化轉向，及俄化派在中國社會上生根的年代。因此，黃埔軍校也是國父孫中山「聯俄容共」政策下的產物。一九二三年十二月九日，國父孫中山在演講中指出：「吾黨此次改組，乃以蘇俄為模範，企圖根本的革命成功，改用黨員協同軍隊來奮鬥。」孫中山曾自書「今後之革命非以俄為師斷無成就」之條幅以示聯俄決心。而一九二九年起，俄國史達林在中國人工革命之工具是中國共產黨的軍隊（紅軍）已達七萬多人，一九三〇年中共彭德懷居然攻陷長沙。三月「左翼文化總同盟」結成，尤其是「左翼作家聯盟」在以魯迅為偶像之下結成，經由左傾意識，受共黨羅致、訓練而成為共黨的筆隊伍，是中共文化政策一大成功。一九三一年九一八以來日本侵略為蘇俄侵略開路，中國之不幸，由西歐之侵略開端，而更不幸者是日本以侵略中國起家，以侵華為立國之道；使中國人在物質上精神上所受之殘害，是無可計算的；再因蘇俄政策之影響，使中國獲得統一後，思想上有中西俄三派之爭，政治上有國共兩黨之戰，直到中共政權成立。

一九三七年爆發以後的八年七七抗戰過程中，中國在政治上有「三個中國」的分裂和伸縮。一為政府區域；二為日本鬼子及偽軍的區域；三為俄化派中共的區域；在此三個中國中，第一個中國是國軍與日軍戰鬥；第二個中國是偽軍在日本刺刀之下生存；而第三個中國則是中共利用日本侵略機會壯大自己並奪取政權。

父親在山東地區與日軍作戰的經過是慘烈的；而與偽軍的關係則非常微妙，當年他曾在與日本海軍陸戰隊作戰時受傷，竟受到偽軍的掩護與救援，可見偽軍是同情政府軍游擊隊的，所以游擊隊與偽軍也形成了相互依存關係；但與中共的游擊隊則是爭地盤的關係；我軍行動如要保密，必先控制中共勢力才能生存；所以，一九四二年日軍春季大掃蕩，父親部隊被

追殺，逃至文登翠峽口，中共游擊隊竟未伸援手，反而張網以待；由此可見，國共誠心合作至關重要。

欣逢紀念七七抗戰勝利七十週年，身為抗日游擊隊戰的子弟，我們有很深的感觸，回想父親是抗戰的這一代，為了打敗日本軍國主義的侵略，在戰場上冒險犯難豈止九死一生！終於抗戰勝利，接著又是國共內戰，造成今天兩岸因政治理念不同而分治的局面，實在令人感嘆！。

回顧自鴉片戰爭至今約一百六十年來中國之禍亂，固多由外力之破壞，但亦未嘗不是因自己失去自主意識，由依附外力而自相殘害！民初之禍，由於親日派；五四以後，親日派倒，親俄、親美二者代起。然今日親俄者仍抱馬列主義不放；而親美者亦在被美國出賣而退出聯合國，並正被台獨步步進逼之中。

因而不禁使我們這一代人興起「中國往何處去」之概嘆。我們認為我們必須超越馬列主義而前進，走中華文化復興之正道，堂堂正正做中國人；更希望兩岸同胞同心協力，再創中華民族之復興，同圓中國夢；這就是今天兩岸政府要聯盟，共同來完成抗戰未竟的和平、民主統一大業。

兩岸同胞的志業是「完成抗戰未竟的和平民主、統一大業」，海外國統會與洛杉磯華人聯誼會合辦紀念抗戰、擊敗日本活動，希望兩岸簽訂和平協議。

第一章　年尚未弱冠 抗戰烽火起

下天津衛　上洋學堂
日寇侵華　燃起戰爭烽煙
愛國青年　同感熱血沸騰
從軍報國　伸壯志

　　我出生於民國八年，日本發動侵華戰爭是在民國廿六年，那一年，我剛剛高中畢業，還未達弱冠之年，但就在我們正準備畢業考試的時候，日本人就發動了七七蘆溝橋事變，戰爭的硝煙，一時彌漫了整個校園。現在回想起來，我們這一代是何其不幸生長在那個年代，烽火彌天，民不聊生！，歷經了八年抗日戰爭的苦難，延續下來又是五年國共內戰的離亂。但是，我們也何其有幸能遭逢到那樣的年代，使我們這些當年熱血沸騰的愛國青年能夠得遂從軍報國的凌雲壯志，一生仰不愧天，俯不愧地。我今雖已是古稀之年，緬懷當年，似仍有老驥伏櫪壯懷未已之感。

　　我的故鄉原籍河北省靜海縣，靜海是位於渤海灣西岸一個民風純樸的小城，距離天津不遠。在抗日戰爭爆發以前，民眾安居樂業，社會和諧安定。先祖父和先父在天津一帶經營運輸業，在交通界小有名氣，對子女教育也非常注意，因而當我在私塾啟蒙對塾師所授四書五經感到不解其意無法適應之時，便立即幫我轉入縣立第一小學就讀，而後又轉入天津第十七小學，以後便一直在天津讀書。我還記得當時鄉村親友們在我到天津讀書時，曾美慕的說：「你下天津衛，上洋學堂！」當時，天津衛是天津附近縣市民眾一致對天津的普遍稱呼，其實「衛」也就是市的意思。至於用「下」字而不用「上」字，那是因為天津附近很多縣的地勢都比天津市高的關係。再則由於到天津讀書，學生一定要穿制服，所以對於都市中的學

王凱聲民國廿三年十六歲時畢業於
天津市立第十七小學隨即考入天津
民德中學

校，不論大小中學就一概稱為洋學堂了。

我從十一歲到天津讀小學，從初中到高中，一直都在天津就讀。高中讀的是河北中學，那是一所以管教甚嚴出名的學校。在校時我的功課平平，學業成績並不顯眼，但我的運動成績卻相當良好，不但是市運、省運、中外聯運的田徑選手，而且還曾參加過超齡的成人自由車長途賽，並且還得過一面銀牌。那時候我家住在市中體育場附近，練習跑跳都很方便，有時候，甚至於在有月亮的夜晚也不放過練習的機會。以後多少年來，我在參加抗日戰爭過程中，之所以能冒險犯難，不畏艱鉅，而且很少生病，這些與我少年時期勤練體魄多少也也不無關係。

我初到天津讀書是在國民革命軍完成北伐不久。那時候社會大致還算安定，而就在我進入初中期間，日本發動「九一八」事變竊據東北三省，使得關外成千上萬的百姓流離失所，無家可歸的難民，大批大批的經過山海關向國內逃亡，這種景象，我們這些青年學生不僅從報紙上看到新聞，也可以從老師口中知道消息，有時候更會在放學途中親眼目睹，慘不忍睹之餘，我們這些滿腔熱血的愛國青年此時又焉能不熱血沸騰，氣憤填膺？很多愛國學生們後來都紛紛參加抗戰報國的動機，就是這個時候立下決心的，我也是其中之一。因而我在十六歲時，就參加了三民主義青年團，十八歲時就參加了中國國民黨。

至於更進一步增強我們這些愛國青年從軍報國決心的，就是民國廿六年發生的「七七蘆構橋事變」。那一年我剛剛高中畢業，眼看即將進入大

學的美夢和美景，一下子便在日本鬼子的鐵蹄踐踏下全毀了。蘆溝橋事變不久，北平天津相繼淪陷，所有學校都不得不被迫停課，眼看日本鬼子到處姦淫擄掠殺人放火的無法無天，一把又一把仇恨的怒火，迫使我們這些氣憤填膺的熱血青年，大都選擇了從軍報國的道路。那時候，國軍部隊雖已戰敗撤離，但仍有很多部隊據盤踞在平津一帶的山區，集合各地的地方保安軍隊，不時和日本鬼子進行游擊戰。因此，「寧死不做亡國奴，相偕上山打游擊」，便成了我們這些愛國青年們的共同心聲。

　　另外，我之所以投筆從戎，從軍報國，除了痛恨日本鬼子殘害我善良同胞這個因素之外，另外還有一個小故事，也可附記一筆，那就是：我有一位四祖父鳳山公，在我求學期間，曾規定要我把一本「岳飛傳」作為課外讀物，並且還要我熟讀書中岳武穆的詩句，而當我每天讀到「風波亭父子歸天」那一節時，我總是情不自禁會淚流滿面，因為太使人感動了。而岳飛的「滿江紅」那首詞中「怒髮衝冠憑欄處，瀟瀟雨分……」詞句，我至今還能背誦。八年抗戰間，我勇於冒險犯難，忠貞不移，威武不屈，臨危不苟，這些大無畏精神的表現，與此也不無關聯。

第二章　校園遇淑女　愛國結同心

三載同窗　相逢竟不識
秀外慧中　天生麗質
愛國結同心　送別掠影去
河水滾滾東流　不知何日再相逢

　　我高中時讀的是天津市河北中學，該校以嚴教出名。報考河北中學的那一天，我在校門外遇到一位坐包車（黃包車）來報名的女孩，一眼就看出他氣質高雅。過了幾天，在考場又見到了她，再過幾天，看放榜時又遇到她，她那一副天生麗質的儀態，從此就一直深深烙印在我的印象當中。（按：她是先考取天津師附中，再考河北中學）。

　　該校男女生分開授課，女生部為分校，與本校之間，相隔一所天津地方法院及兩條馬路，因此男女生很少有接近的機會。我家離校約五公里，每天騎自行車必過金鋼大橋到校，而她坐的黃包車也必經金鋼大橋橋頭，再轉入天緯路到校，因而也時常相遇，在我的心目中她就好像一尊女神，但我也僅止於望影興嘆而已。

王學貞於民國廿七年九月
天津光明小學教員

　　我在學校是有名的田徑選手，每次代表學校參加比賽，女同學們都會組成一支啦啦隊，隊長是由女童軍中隊長擔任，而她就是我印象中的那位貴族女孩。她領導群雌搖

旗吶喊，在場助陣，我每次奪標，都接受她們的歡呼、歌唱。她那修長的身材，秀麗端莊的態度，雍容華貴的氣質，一直都深深的刻劃在我心靈深處，永矢難忘。

到了畢業考試的時候，我惆悵的是即將各奔東西，我和她不但不知何處能再相逢。最感遺憾的是，同學雖三載，竟然不識她的姓名住址，欲寫信也無法投遞。簡直斷了線的風箏，不見蹤影，祇好望天興嘆吧。

可是後來到考試的最後一天，竟然有一位不熟識的同學，名叫任士傑，他知道我對她有意，竟毛遂自薦主動來找我。自稱是她的鄰居，竟將她的姓名住址及家庭狀況，寫在一張小紙條上，寫的是「王學貞，獨生女，父亡，曾任高官，現已去世，目前母女二人住天津獅子村趙家大院二號。祝你成功。」

收到這張紙條，當然喜出望外，於是立即寫信，但連寫數封，均無反應，也未退回。畢業典禮時與她相遇，問她接到信否？她回以一副神聖不可侵犯的莊嚴面孔，冷冰冰的全無反應，不過，我並未灰心，繼續還是每天寫信一封，直到七七抗日大戰爆發，我避難於英租界，也依然照寄，但也均如石沉大海，杳無回音。

但也就在七七蘆溝橋事變那年十二月，有一天，忽聽九叔在叫我說：「小六！你的信。」啊，終於接到她的回信了，取到

民國廿七年三月十七日學貞與王凱聲相約天津法租界法國花園銅人下見面時照片

學貞童年時期民國二十年十歲與母親攝於天津

回信時不禁抱著信跳了起來，躺在雪地上滾了一個滾，連九叔也分享了我的高興。

從此，我們倆魚雁往來，有時是談些在校的往事，有時是談各人的人生觀，有時也談戰時青年的出路。春節過後，為了加強抗戰勝利的信心，我寄給她一本舊畫報，內容有一篇英國預言家威爾遜的報導；他說二次世界大戰爆發後，日本遭受轟炸，發生生物絕種的大毀滅，

民國廿三年學貞十三歲在民德中學時與體育老師及同學合照

因而投降了。

　　後來她回信要邀我到法租界法國花園銅人下見面，她很純樸，不修飾，不虛偽，很溫柔的談話，讚我連投三十餘信沒有回音，依然仍不罷休的毅力。至於談及赴大後方讀書之事，她毫不考慮的拒絕了。因為她是獨生女，父逝不久正與母相依為命，不忍拋母遠離。

　　於是我們相約再次見面，她也鼓勵我從軍報國，但也祇再相見一次，幾天後，我即隨同學好友石樹德等遠去威海衛「羊亭」游擊區參加抗戰去了。臨行前我曾寫信邀她碼頭話別，她接信後，雖趕至天津英商怡和碼頭，但輪船已啟錨開航了，於是就只能隔水相對揮手告別，掠影而去。

學貞民國廿三年十三歲於市立第七小學畢業考入天津民德中學時的玉照

第三章　天津保衛戰　血戰五晝夜

敵眾我寡　以弱抗強
初期五路突擊　曾獲輝戰果
軍民合作　抗日意志昂揚
終因兵力懸殊　不進不退走山區
雖敗猶榮　留名青史

　　七七事變，日軍攻佔蘆溝橋之後，平津情勢立即陷入危境。當時平津地區防務是由國軍廿九軍負責。實際負責天津防務的是國軍第廿九軍所屬第卅八師，當時第廿九軍軍長宋哲元將軍，卅八師師長張自忠將軍，都是國軍中能征善戰非常有名的傑出將領，但無奈當時日寇侵華早有預謀，我軍則是倉促應戰，而且兵力懸殊，我軍不僅是兵力人數及火力強度都遠落日寇之後，空軍優勢也為日軍掌控，所以，只有短短的廿二天，平津兩大都市就完全淪陷了。關於北平的淪陷經過，我因當時還是一個高中剛剛畢業的學生，不盡了解經過，但對於天津保衛戰的經過，一則因為我就住在天津身歷其境，再則有一部份當年參加天津保衛戰的國軍，在天津淪陷後撤退到了山區後，改編為游擊部隊，後來在我從軍打游擊近六年軍旅生涯中，他們很多人都曾做過我的長官或同事，談起當年的天津保衛戰經過，他們都仍然津津樂道，引以為榮。

　　由於日寇侵華早有預謀，他們自從佔領東三省以後即積極圖謀進佔華北，早在七七事變之前，日華即訂有不平等條約准許日軍進駐華北，當年的日本華北駐屯軍司令部就設在天津，平常即有日軍砲兵各一個聯隊及裝甲兵、騎兵、工兵各一個中隊駐屯天津，對天津國軍駐軍狀態原來就瞭如指掌。在七七事變以後，日軍原準備在七月廿九日對天津國軍發動攻擊，

此時負責防守天津的國軍已接獲情報知道情勢危急。為此,有關單位曾特別於七月廿七日舉行了一個「七人會議」。當時駐守天津的國軍是二十九軍三十八師,師長張自忠此時人在北平,由副師長李文田代理師長職務,並兼任天津市警察局長。七人會議就由他主持,其時,天津市內及郊區的兵力只有三十八師的一個手槍團,二十六旅(屬三十八師)的兩個團,加上三個保安中隊的武裝警察,總共有五千人左右,因天津日軍以一部增援北平,在數量上稍多於日軍,而在武器裝備和訓練上卻又落後日軍許多。

二十九軍三十八師副師長天津抗戰總指揮李文田

　　廿七日上午,李文田召集在津的主要軍政負責人開會。參加會議的包括第一一二旅旅長黃維綱、獨立第二十六旅旅長李政遠、第卅八師手槍團團長祁光遠、天津保安司令劉家鸞、天津保安總隊隊長寧殿武以及市政府秘書長馬彥翀等七人,因此史稱「七人會議」。會中決定:為掣敵先機,我軍準備在廿九日凌晨二時,先敵之前發動對日軍的全面進攻。主要戰鬥目標為:攻佔天津東站和總站;襲擊東局子飛機場;攻擊海光寺日軍兵營及日租界。為統一指揮,當時便立即成立了「天津市各部隊臨時總指揮部」,總指揮李文田,副總指揮劉家鸞,並立即向國民黨軍政首長發出抗日通電,表示「誓與津市共存亡,喋血抗日,義無反顧」,同時希望「迅予援助,共殲彼虜」。

　　激烈的戰鬥行動在廿七日凌晨二時展開以後,國軍開始進展頗為順利。二十六旅第六七八團和保安隊,在警衛團長祁光遠的指揮下,經六里台發動攻擊,猛撲海光寺。日軍在道路上架起大砲阻擊我軍,國軍官兵在猛烈的砲火下,前仆後繼,幾經衝鋒,到天快亮時打到日軍軍營外圍,並

佔領了東停車場。使日軍不得不龜縮在牆高壘固的兵營內。但等到日本空軍於晨五時出動飛機九架,向中國軍隊掃射後,日步兵才趁機反撲,我軍也奮勇還擊,陣地幾進幾退戰鬥極為激烈。

另一方面,襲擊東局子機場的二十六旅部隊,在夜幕中接近機場,消滅敵人哨兵後衝進停機坪,日軍慌忙起來抵抗,國軍戰士們揮起大刀與敵人展開肉搏。與此同時,一部分戰士把汽油潑到敵機上引燃焚燒,把十幾架飛機在火海中焚毀報銷。至拂曉,日軍援兵到達並以飛機助戰,中國軍隊才撤出戰鬥。

至於攻擊鐵路東站的任務由保安隊承擔,在寧殿武總隊長的率領下,保安隊由第二特區通過意租界北部,包圍了東站並在凌晨二時發起攻擊。日軍的守備部隊和航空兵團的四百多人拚死抵抗。日軍為防止中國軍隊佔據有利陣地,一度曾燒毀了站前的建築物。但中國軍隊在大砲掩護下,很快佔領了通往山海關的二站台,接著又向日軍固守的一站台攻擊。到黎明時分,日軍在我軍的猛烈攻擊下不得不放棄車站退守在一個倉庫中。

另一路攻擊部隊在二十六旅團長朱春方的指揮下,先用預先佈置在北寧公園的大砲轟擊北寧路總站(今天津北站),大砲過後,步兵發起攻擊,中國軍隊又乘勝攻占了被日軍佔領的北寧鐵路總局。

至於另一路武裝警察,以進攻日軍老巢日租界為目標,戰鬥打得尤為殘酷,兩軍從凌晨二時到四時五十五分,經過反覆衝突,國軍方攻入日租界,並從大和街(今興安路)、旭街(今和平路)、福島街(今多倫道)三個方面包圍了日軍守備部隊,國軍的突然進攻,日本的軍事部署,很快被完全打亂,這也是日軍意料所不及,雖倉惶應戰但處境極為不利。為挽回敗局,日軍乃一方面抽調北平日軍和關東軍增援天津,一面對天津施行空中轟炸,其主要目標為:一、北寧路總站以北的保安隊總部和北寧公園;二、市政府;三、金湯橋西畔的警察總部;四、聯結日租界北端大和街的電話局;五、東站和萬國橋(今解放橋)之間的郵務總局周圍;六、南開大學。下午二時半開始,數十架日機對上述地點進行了狂轟濫炸,飛

機過處房倒屋塌，烈焰騰空。沒有對空武器的國軍在日機的轟炸下傷亡慘重，只得暫時撤退，一些據點和要害部門得而復失。日機還毫無人性地轟炸屠殺和平居民，居民死傷無數。日機在河北一帶也數處起火，迄晚未熄。電話二、五、六局機器全毀，損失奇重。南開大學破壞尤酷，秀山堂、芝琴樓、木齋圖書館亦有一部分被炸。

到廿九日下午，中國軍隊經歷了十多個小時的浴血抗戰，又遭到了日機的猛烈轟炸，部隊損失慘重，原這作為總預備隊的國軍卅八師黃維綱旅，由於在大沽等地與日軍交戰，也未能按計劃增援，而北平日軍則源源開來，孤軍奮戰的國軍這才被迫處於退守狀態。

廿八日這一天的戰鬥打響後，廿九軍軍長宋哲元在廿九日上午致電軍政部長何應欽，報告戰鬥進行情況並求中央速派大隊增援。可惜當時已無部隊可以支援，以致電報一去如石沉大海，杳無回音。

天津守軍兵力不支，中央軍無法北上增援，而日本後續援軍又已陸續開到天津。日軍為統一指揮各路援軍，成立了「天津臨時防衛司令部」，下轄北平日軍高木義人支隊、關東軍堤不夾貴支隊、第二旅團以及原天津日軍。並在日租界和意租界之間的海河上架設了浮橋。包圍國軍使其處於四面受敵狀態，國軍為保存抗日力量，不得不忍痛於廿九日晚奉命撤退。天津人民也不得不含淚送走了英勇的抗日健兒。

七月卅日，經過五晝夜血戰，天津終於七月三十日不幸淪陷敵手。不過抗戰活動並未結束，撤出市區的國軍部隊轉戰到鄰兵天津不遠的靜海、馬廠一帶，與日軍展開了游擊戰，留在市區的部隊亦仍不屈不撓地和日軍進行巷戰，零星戰鬥在市內仍然持續不斷，使得日軍不得不以保留兵力在市內實行所謂「掃蕩」。

轟轟烈烈的天津保衛戰最後終於失敗了，但是我國眾多官兵在這次抗戰中用自己的生命和熱血，顯示了偉大的民族氣節和熾熱的愛國精神。當時的報紙曾報導：「我當局所屬之保安隊警及各部隊，久歷戎行，迭遭巨變，對於日軍之一再壓迫，容忍已久，一旦參與守土衛國之戰役，無不奮

勇當先，踴躍效死。」這次抗戰還得到了天津人民群眾的全力支持。市民在戰鬥中為部隊送上茶飯、西瓜，公私汽車都組織起來為前線運送彈藥，有的商店還把店門卸下運到前沿充作工事。特別是中國國民黨領導的學生組織，他們無畏無懼的在戰火中發動救護傷員、運送彈藥等工作，有力地支持戰鬥，由此可見，青年學生的愛國熱忱，令人敬佩。

日軍炮轟後天津市區斷壁殘垣的慘象

第四章　冒險赴敵後　報國從軍去

驚險兩晝夜　抵達游擊區
抗日第一線　遍地烽火
絲絲柔情　千山萬水隔不斷
感謝熱心綠衣人　千里迢迢傳心聲

　　民國廿七年初，我投筆從戎的游擊戰區是在山東半島威海衛市郊的羊亭山區，我之所以選擇了這個游擊部隊，那是因我有一位要好同學叫石樹德，他的父親也在天津營商，家鄉淪陷，他的很多鄉親遇害，國仇家恨激起他從軍報國的壯志。他邀我一起報國從軍，我立即欣然答應，我的父親也同意我從軍報國，更要緊的是，我的女友學貞對我從軍報國的壯志也欣然首肯，於是我便以尚未弱冠之年，潛赴敵後打游擊去了。

　　我們從軍報國的目的地是山東威海衛的羊亭，羊亭是威海衛近郊山區的一個地名，那時候威海衛已被日軍佔領，而我們從天津去羊亭，又非經威海衛不可，好在這時候和我結伴同行的是我的同學石樹德，他是威海衛人，他說我們都是老百姓身份，只要在威海衛停留一宿，躲過日軍的盤查，第二天雇馬車經西門出城，過橋三公里，就可以到游擊區了。可是就這三公里路也不是好走的，因為日本鬼子隨時會在這一帶出現，如果發現形跡可疑，隨時就可能有被抓去審訊的危險，石樹德以前到羊亭來過，他叮囑我，萬一遇到日本兵盤查，只要能鎮定應對，千萬不要露出一絲一毫緊張的神色，就一定可以順利通過了。

　　於是我們二人便在天津搭船經過兩天的航程到威海衛，石樹德將我安置在一個小旅社中，與店東睡一張木床，這樣萬一遇到日本憲兵與便衣漢奸查店，就不會敲我住的房門，果然一夜無險。第二天天亮後，他僱來一

王凱聲民國廿六年十八歲於天津民德中學
畢業適逢抗日戰爭爆發決心報國

輛馬車叫車伕送我出西門，他自己另走小路先去探路。出城門勢必經日本憲兵與漢奸的檢查盤問，我茫然無知，又是外鄉人，去的方向是游擊區，覺得太冒險了。但是既然來了，儘管有些冒險，也不得不去。果然馬車行進不久，突然一個日本兵從後面追來，但他只是手中抱著一包衣服，跳上馬車，卻沒有帶槍，不但沒有盤查我，卻理都不理會，還從車伕手中拿過疆繩與鞭子練習駕駛。這時我才體會到這個鬼子是搭便車的，但也幸而有他搭便車，我們才能這樣毫無阻攔的過城門檢查哨。

出了西門不遠一條小河，淺淺的流水，清可見底，花草樹木陣香撲鼻。但我看到河畔兩邊又出現十幾個日本鬼子，有的在洗衣，有的在洗面漱口，可見得他們也不是來盤查我們的。就這樣我們的馬車便順利到了橋頭，那個搭便車的日本鬼子臨下車時，還向車伕揮手致謝。過了橋頭，直奔羊亭，我心中一直默想真是好險呀，要不是有那個日本鬼子搭便車，我能否順利出城還真難料哩。

想著想著我的好友石樹德已在離橋頭約三公里處的路旁樹蔭下等我了，他跳上車說：「前面是一段真空地帶，再也沒有日本鬼子了。」這時我心中的一塊石頭總算才落了地。

望見「羊亭」，馬車不能走了，因為公路都挖得橫豎成溝了，是游擊隊挖的，用意是為了阻擋日本兵的車輛通過。

　　捐上行李走到「羊亭」，先找一個飯館吃飯，街上來來往往的，都是穿著便衣背著槍的游擊英雄。很多人與石樹德打招呼，石也介紹說我是來參加抗戰的學生。聽他們說，威海中學已有一百多名學生在山上受訓了，我的心情頓然開朗，一個理想，也可以說是一個夢想，將出現於面前了。於是我們僱了一個人擔著行李，走向「吐羊口」，游擊隊在那裡駐防一個小隊。

　　到了游擊區，第一件值得高興的事，是在我抵達後的第二天，就見到一位綠衣郵差，在戰區與敵區間可以通行無阻，我便問他可否寄信到天津，他說可以，但是來往時日不定，他大約五天來一次。他還說信的內容要注意，因為郵局裡怕有漢奸查信。

　　於是，我便馬上寫一封簡短的信給學貞，郵差先指定回信地址是威海南區長峰小學。從此，我們雖分居兩地，但依然魚雁往返，互訴衷情。

　　日寇侵華，變起倉猝，國軍部隊，因為心理準備不足，故於平津淪陷後不久，華北戰局即完全陷於劣勢，大軍節節敗退，有些來不及撤退的零星部隊，大部份都轉陣地到山區從事游擊戰，繼續與日本鬼子週旋，這些游擊部隊雖然武器裝備不足，但士氣卻十分高昂。同時，河北山東一帶很多城市，原來都有一些保安團隊以及警察等武裝力量，在城市淪陷後也紛紛轉入山區與游擊隊的武裝力量結合在一起共同從事抗日活動，幾乎所有華北地區的山區，都是游擊隊的抗日根據地，只是人數多寡不等。這些游擊隊差不多都仍有自己的電台，仍和中央保持連繫。這些游擊隊也可以說是正規游擊隊，另外還有些屬於共產黨的游擊隊，他們則是藉抗日為名，實際上是三分抗日，七分壯大自己，這些共產黨部隊，在抗戰初期，力量並不大，差不多是看到日本鬼子就躲，但因為他們是打著「窮人翻身」的旗子，在貧窮地區深受老百姓歡迎，因而力量就一天天壯大。所以，對日抗戰初期的華北情勢，日本鬼子佔據的是「點」，也就是絕大多數的城市；國軍和游擊隊佔領的是「線」，也就是大部份的山區；而共產黨解放軍佔的是面，也就是廣大的鄉村。

第五章　上山打游擊　場場是硬戰

豹虎山下斃日寇　豹虎改名「勝利崖」
向陽山上將軍殉國　向陽易名「仞久山」
「中國人不打中國人！」　響澈雲霄
趙寶元深明大義　起義來歸

　　抵達游擊戰區當天即晉見游擊隊鄭維屏司令，鄭司令做過天津市警局局長，對天津非常熟悉，他也知道我們是來自天津的學生，愛國心都很強烈，所以對我遠從天津跑到威海衛來參加游擊部隊表示十分歡迎，也表示嘉勉。並且立刻就派我先到位於黃菴山的幹部訓練班接受訓練，一方面是加強我們的政治意識，同時也讓我們接受簡單的軍事訓練，尤其是對於槍枝使用的知識，對於我們這些沒有使用過槍枝的學生說來，這一方面的訓練實在有其必要。好在我過去在學生時期，對這一方面的知識早就有相當程度的了解，而且我對於當時抗戰局勢的了解程度，更出乎那些講習教官們想像，再加我在學生時期一向就能言善道，所以只受了一個多月的訓練，司令就派我去做講授政治課的教官，訓練班的學員們對我這個少年教官反應都還不錯。

　　初進游擊戰區的感受是非常平靜的，並沒有想到游擊區實際上也是戰地，雖不能算是危機四伏，但危險隨時可以到來卻是不爭的事實，因為，就在我上山不久，日本鬼子的冬季攻勢開始了，使我這個還不滿廿歲的小伙子，終於感受到了戰爭的威脅性和危險性，因為在我上山以後的半年時間裡，我和山區的游擊健兒們，就先後參加了崗山後、千家齊、豹虎山的幾場戰役。初次置身於日本鬼子炮火威脅之下，我們這從軍報國熱血青年的心情是難免有些緊張，但同時也是緊張中帶有興奮，尤其是目睹對面那

些日本鬼子在我們游擊健兒的
槍聲下應聲而倒的畫面，大家
心頭都有一種說不出來的快
感，好男兒從軍報國，最渴望
不就是這一刻嗎？而更令人興
奮的一件事，那就是那年秋季
我參加豹虎山的那場硬戰，在
我們游擊健兒二人抬著的那種
土炮火力下，居然竟在豹虎山
擊斃了一位日本鬼子的海軍陸
戰隊司令。這場勝仗過後，在
地方父老的建議下，我們便把
豹虎山從此改為「勝利崖」，
這個值得游擊健兒們感到驕傲
的地名，將永遠銘刻在當年曾
經參加這場戰役的游擊戰士心
中。使我深感榮幸的是我也是
當年參戰的游擊戰士之一。

民國二十八年王凱聲參加吐羊口之役、向陽
山之役、勝利崖之役等等對日軍的戰爭。

　　不過，這場勝利卻也惹惱了對面的日軍，不久便調集了大批陸軍進山
清剿，並配合由停泊在渤海灣中海軍的航空母艦和空軍飛機，對我游擊戰
區各個據點大肆轟炸。面對此一情勢，我們的游擊隊司令部曾徵集大批民
伕在山區挖掘防空洞以為掩護。那時候我已被派到連隊擔任指導員，還記
得有一天，當大批敵機凌空時，防空洞內已被司書、兒童等非武裝人員擠
滿了，在防空洞門口一位姓楊的號兵長好心叫我快點進去，但我不肯，因
為我認為躲避是一種怕死的表現，可是也幸虧我憑一時的傲氣沒有進去，
因為那天敵機投彈的結果，除了附近多處村莊夷為瓦礫外，山頂土造的防
空洞，也被炸垮了數處，活埋了十九位躲在洞中的老百姓和游擊戰士，我

因未入洞，幸免於難。這件事也使我深切體悟到了「貪生不生，怕死必死」的道理。

游擊生涯中，還有一件使我記憶很深的戰役是「向陽山戰爭」，我確切記得那場戰爭是發生在民國二十七年十一月二十八日，當時我在擔任砲兵連指導員，一場激烈的遭遇戰展開了，那天我軍奉令率部赴向陽山與另一支游擊部隊姜旅會合，向陽山面積很大，是一凹型雙駝峰的禿山，無遮蔽物，防空設施簡陋，那天正好由日航空母鑑起飛的轟炸機，一批接一批飛到向陽山輪流轟炸。山下也四週插滿了太陽旗，眼看到日軍一層一層的包圍上來，在敵機掃射掩護下，凹型兩端的高地，不久便被敵人攻佔了，我也看到太陽旗了，當時我以六○砲射擊兩端高地，掩護姜旅長率隊衝鋒，因為如果攻不下兩處高地，將必遭全軍覆滅。果然，支撐不久我們砲兵連長叢永耕不久便中彈陣亡，全連僅有的三門六○迫擊砲，很快就被敵機炸毀兩門。更不幸的是友軍姜旅長不久也頭部中彈陣亡，敵我雙方傷亡慘重。戰火沉寂下來，敵機緊在高空盤旋，但也停止投彈與掃射了，於是就趁敵人拖運屍體之時，我也趁機將姜旅長與叢連長的遺體就地掩埋。

姜仞九旅長是山東海陽縣人，原來是當年軍閥張宗易的舊部，後來在陳調元任山東主席時返鄉服務，任鄉村小學校長，七七事變時，結合地方武力組突擊隊，為地方抗日人士公推為突擊旅旅長，與鄭維屏司令所率之游擊隊並肩抗日，互不隸屬，但同仇敵愾聲氣相應，向陽山之戰他主動率部前來支援，斃敵甚多，不幸中彈殉難後，經第七督察專員公署報告中央追贈為少將，並將原名向陽山改名為「仞九山」，抗戰勝利後，並特為他在海瑞城建忠烈祠，匾額題「忠烈可風」四字以為紀念。（見附錄：姜仞九傳）

還記得那天是一個萬里晴空，無風無雲的天氣，對我軍極為不利。日正當中的中午時刻，距天黑還有六、七小時。大家都在想，在這漫長的六、七小時裡能活命嗎？記得當戰火暫停時，我還曾在山坡上把學貞的相片從袋中取出來，而就在此時山坡上突然傳來轟的一聲，猛一抬頭，便見

兩枚黑色炸彈向我飛來，我連忙就地滾開，幸險祇是褲子被炸了幾個孔。
這個警號告訴我，日本鬼子第二波的攻勢開始了，但很巧的是，就在此時
突然狂風大作刮得飛砂遮天，黃土蓋日。於是我趁機大喊：「衝呀！」
「殺呀！」所有官兵隨聲付勢，如洪水決口，使我軍滔滔湧下山去。但奇
怪的是，到了山下，敵人竟然閃開一個缺口，這時我方發現敵人是偽軍，
於是我高呼：「中國人不打中國人！」大家響應一片呼聲，這時，我看到
偽軍的槍竟轉向空中發射，這也才使我軍能突圍活命而出。

　　後來，我們鄭司令獲得的情報是，當時的偽軍旅長叫趙寶元，他深明
大義，有意投誠，於我們便不斷派人與偽旅長趙寶元接觸，最後他終於深
明大義，率全旅官兵起義來歸。經呈報中央晉升趙寶元將軍為陸軍第十二
師師長，並兼山東第十三區行政專員，這也是我游擊生涯中記憶很深的一
件事。

游擊健兒在山區樹叢中對低空掠過之日機射擊的一個鏡頭

第六章　兩地通情愫　魚雁慰相思

戰地生活　緊張刺激
愛情力量是最大的精神鼓舞
當年碼頭送別　留詩文情並茂
後因書信被檢　不幸貽留禍根

　　游擊戰區的戰鬥生涯，當然是緊張而刺激的，對於我們這些志願從軍的愛國青年來說，卻也常在興奮中帶有一些享受的感覺。

　　危險和苦難對我們來說，那更是家常便飯，不僅在戰場上，大家都隨時有被子彈打中的可能，即使在平時生活中，飽一餐餓一餐的情況也隨時都可能發生。但是，我們從來就沒有人感到駭怕，更不會有人會感到痛苦，即使有時偶而會感到有一些輕微的煩惱和精神上的不安，但一上了戰場，那煩惱和不安便都隨著槍炮聲響起而化為烏有了。

　　就我個人而言，除了堅強的愛國心鼓舞以外，還有一個強大的愛情力量，一直在不斷支撐著我，那就是學貞的來信，對我更是精神上莫大的安慰。尤其是她在天津輪船碼頭上對我隔水揮手告別的儷影，早已深刻印到了我的腦海，即使在我到游擊戰區以後，我們還經常互通魚雁，只不過往返書信要經敵偽地區郵檢，所以每封信的字裡行間，只能簡明扼要點到為止。但儘管只是短短的三言兩語，對我而言，那已是最大的精神滿足了。還記得我日後離開戰地返天津和她重逢時，還曾在她在日記中看到她當年在碼頭送別後所寫的一首短詩，全文是：

　　「眺望一縷長煙，伊人從軍去，低頭河水滾滾東流。惆悵返，大戰方殷未艾，砲火連天，不知何日再相逢，相逢在何處？」

　　這首詩是文情並茂，即使若干年後，讀來仍使我心弦為之震動。

　　我和學貞魚雁往返，互通情愫，也曾有過波折，記得有一天，我忽然接到一位天津同學丁樹聲的來信，我當時甚覺詫異，心臟砰砰跳動的拆閱，信中內容是告訴我學貞搬家了，要我不必寫信給她了。當時我的直覺告訴我學貞可能「出事」了。接信後，終日憂心如焚，真想立即回天津去瞭解真相，但事實上是行不通的，因為我當時正好不容易爭取到了一個派往戰區政工幹部學校受訓的機會，幹校設在海陽縣朱吳鎮，本部選派了男生五人，女生二人受訓，我們要翻山越嶺走五天的山路，才能到達朱吳。

　　而且司令部是派我擔任領隊，負責七人的安全，明天即將啟程。不得已情況下，心想只有等到受訓回來再做打算吧！那一夜輾轉不能成眠，因為受不了這種焦慮的煎熬，實在是痛苦不堪，甚至還一度萌起輕生的念頭，不過最後還是忍下來了；想通了，還是在戰場上殺敵，以身殉國多麼光榮呀！

　　第二天天亮後整裝啟程時，剛走出營門，遇到綠衣使者又遞來一信，仍是丁樹聲的信，他又告訴我學貞母女平安，她已考進一家前門攝影公司做會計，這家攝影公司在我讀中學時期，曾去照過像，規模、設備都不錯，公司地址距學貞家不遠，經過金剛橋十分鐘即可到達。於是我心中的一塊石頭這才落了地，立刻精神為之一振的安心受訓去了。

　　幾年後，我返回天津問及此事，學貞說：「事已過去不必提了。」還是學貞父親當年屬下的會計科長的兒子，一位在天津和學貞家比鄰而居彼此照顧的世交名叫汪君衡告訴我的，他記得有一天中午時，來了一個穿和服的人找王學貞，貞母即請汪君衡過來問他有什麼事？然後再去街上一家煤棧行打電話叫女兒回來。汪三哥笑臉迎人，煙茶待客不談正題，而與來人閒聊起當時正轟動平津的梅蘭芳的戲，這位來人似乎也是一個戲迷，二人有說有笑談得津津有味。學貞回家時，一進門來人就問道：「你是王學貞嗎？」學貞不語，汪三哥連忙說：「有什麼事對我說好了，她們孤女寡母二人相依為命，絕對不做犯法的事，我敢擔保。」這時，來人從袋中拿出一封信來，對學貞說：「這封信來自游擊戰區你知道嗎？」學貞說我不

知道。在旁的汪三哥連忙替她解釋說：「這個人是她兩年前的同學，他去山東做什麼我們完全不知道！」接著，汪三哥就把來人拉到院中耳語一番，講些什麼，學貞也不清楚，只知道事後學貞母親取出了當時幣值一百六十多元，請這位先生代為關說。花錢消災，這位先生也當面就把信燒了，這才了事。學貞受了驚嚇這才跑到義租界找同學丁樹聲，請他和我連絡請我暫時不要給她寫信。

這件麻煩事雖已用鈔票擺平了，但是也不是沒有後遺症，那就是事難保密，耳語相傳，讓附近鄉里鄰居都知道了學貞有了一位在山上打游擊的男朋友，她的親友唯恐以後還會有麻煩，因而勸學貞母親最好替學貞另找男友，但學貞堅決不肯。而更沒有想到的是，消息傳到學貞服務的那家攝影公司經理耳裡，這個人並不是一位正人君子，由於他對學貞也有好感，以後在我奉命潛返天津做地下工作時，知悉他曾多次寫匿名信檢舉，惹出一連串的麻煩。此事說來話長，容在後章另文再詳為細述。

學貞戲裝，民國廿九年三月，天津前門攝影公司照。

第七章　游擊生涯中　兩事最難忘

工作認真負責　受長官賞識
獻策獲重視　外號智多星
知己好友　英雄未過美人關
禍不單行　造化何弄人乃爾
家破人亡終釀人間悲劇

　　八年抗戰期間，我在山東游擊戰區先後停留了將近六年。十九歲投筆從戎，最先是投奔威海衛山區羊亭口游擊戰區；在鄭維屏司令領導之下，先後擔任過政治教官、連指導員，也有一段時間臨時奉派擔任過安全和情報工作，有些時候，關於補給方面的事，長官也會找我去徵詢我的意見，對於一個廿歲剛出頭的年輕小伙子，在短短時間內便受到如此重視，因而有人稱我是智多星。記得當時曾有幾位和我參加游擊隊時間不相上下的同事，偶而曾半開玩笑的揶揄我說：「你這小子真是神通廣大啊！」我也半開玩笑的回他們說：「因為我的名字筆劃少，長官容易記得呀。因為我的名字「王玉林」三個字的筆劃，合計也只有十七劃，不像你們的名字，石樹德啦、王樹榮啦，兩個字的名字就有三十劃，多難寫啊！」這當然說的是笑話，不過，長官對我非常賞識，我的確也感覺得到，尤是鄭維屏司令，他是我心目中最崇拜的英雄，他也很欣賞我工作認真負責，因此，偶而有些原本不屬於我職責範圍內的事，他也吩咐我去做，我當然也只有唯命是從了。記得在民國廿九年日寇即將發動全面大掃蕩之前那段時期，按照我們游擊隊的作戰計劃：「不打硬仗，化整為零，敵進我退，敵走我回」，伺機遇到於我有利的機會再以突擊制勝。但這時有一個問題是，軍需處擁有大批物資行動不便，游擊隊石指揮官問我有沒有什麼辦法可想，

我便提出建議，將糧餉、彈藥、被服都分發到各營各連去，石指揮官認為這個意見很好，便吩咐照我的建議去做，因而在以後幾場大戰中，我們游擊隊在山區和日本鬼子大軍週旋時，雖到處流竄，但彈藥糧食一直都不虞匱乏。大戰結束後石指揮官還曾當面向鄭司令報告說：「王玉林這小子腦筋動的還真不錯！」（註：父親原名王玉林，後改名王凱聲）

　　另外一件也是原本不屬於我職責以內的工作，那就是當我們游擊隊轉移到山區附近萬家河孔家村時，指揮部和電台都臨時借住在孔家村孔大財主家，借住時間雖然不長，但沒想到的是，電台台長王樹榮竟然和孔大財主的大小姐孔慶霞二人一見鍾情，墜入情網，一個是非君不嫁，一個是非卿不娶。等到部隊要移防時，王樹榮一時色迷心竅，竟欲脫離游擊隊留下不走。我和王樹榮是差不多同時上山打游擊的伙伴，當年，他和我及另一位名叫范晉熙的，三人曾結為金蘭之交，他把要脫離游擊隊的事和我商量，除了向我借五百塊錢以外，還請我代向石指揮官報告，請准他長假。我當時雖曾罵他，簡直因色喪志，但礙於友情，還是替他向石指揮官實情實報，我以為石指揮官也一定不會准假，但沒想到的是，石指揮官不但沒有責備他，還特准借他一千元作結婚費用。他對我說：「君子有成人之美」嘛。只是，他要我叮囑王樹榮，婚後一定要歸隊，最好能和孔大小姐一同參加游擊隊抗日活動，至於台長職務，暫時可交與台上的畢工程師暫代。

　　這件事之所以在若干年以後還一直留在我記憶中，那是因為這件婚姻有一個並不圓滿的結局，因為那位孔大小姐早就被共產黨的游擊隊吸收為情報工作的一份子了，後來還曾因為替共產黨做地下工作，一度被汪精衛政府的偽軍俘虜。巧的是，當時的偽軍連長叫范晉熙，他正是當年和我及王樹榮三人義結金蘭的磕頭兄弟，看在結義兄弟的情面，便把她釋放。沒想到，她獲釋後依然還在替共產黨做情報工作。抗戰勝利後，王樹榮獲悉孔慶霞在北平醫院做護士，不知她是共諜，曾志願請派往北平肅貪委員會工作，但不久便發現孔女乃是一共幹，他曾勸她自首，她卻逼他靠攏，王

樹榮伉儷情深，鼓不起檢舉勇氣，於是，便在國與家的矛盾之間，他患了精神分裂症，可惜！父仇未報，老母無人扶養，弟妹流浪，家破人亡，這真是一場難以預料的人間悲劇！

　　另外還有一件也是關於王樹榮的故事：也是發生在當年游擊隊駐防在萬家河期間。記得有一天，有兩個卅幾歲自稱來自威海衛的男人，不知怎麼打聽到了我們游擊隊電台住在萬家大院，竟跑來要找王台長，不知怎的值日官竟吩咐哨兵把他們先帶來見我。我於是先詢問他們「認識王台長嗎？」他們說「不認識」，祇是告訴我說他們是王台長父親的朋友，到榮城來收購花生的，出門時受王父重託，順道來代為探望他兒子的生活狀況，回去後好告知他父母安心。

　　當時，我觀察他二人講話態度似乎不大誠懇，但又沒有時間細為盤查，因為指揮部又有電話，命我去「裡島」接運一批由香港運來的麵粉，輪船已到外海，我必須趕快去處理。於是我便吩咐指揮部的宋排長，先將二人暫時收押起來，等我回來時再行處理，但等到第三天後由裡島回來，宋排長竟向我報告說：「王台長、于醫官、隋醫官、畢工程師、叢軍需佐等五人連名擔保已經把人放了。」

　　我一時情急還把宋排長責備了一頓，擔保的五人一齊指責我不通人情，此外我還聽說他們幾人還曾請這兩人吃喝了一頓，王樹榮台長寫了一封信，給他父親的信封內裝了兩百元法幣，並託這兩人到了威海市，先將法幣兌換成偽幣，再連信一起交給他父親，請他父親放心。

　　可是二十幾天以後，王樹榮竟然接到一封由王家齊寄來的家信，看信時忽放聲痛哭，口中一直喊著：「是我害死爸爸的！」沒想到那兩個人回去後，竟然是拿著王樹榮的信及法幣，去向王父勒索，要一萬元才能了事，否則就要向日本憲兵檢舉。王父不勘勒索，一時又籌不出錢來，竟然上吊自縊而死。不久王母也攜樹榮之弟妹遷回老家王家齊去了。

　　這也是一件悲劇，不幸的是兩悲劇都發生在王樹榮一個人的身上，真是造化弄人啊！

第八章 戰亂中潰散 返津時遇險

日軍大掃蕩 我軍化整為零
潰敗時與部隊失散 返津途中遇險
幸身無財物 得以保全性命
好心人患難相互 恩德永生難忘

民國廿九年春天，日寇出其不意在威海衛發動大規模掃蕩戰，原以盔甲山為根據地的山區游擊部隊，與日軍相比兵力火力均相去懸殊，接戰不久後遭致全面潰敗，無疑這是我們游擊部隊成軍以來最慘重的一次敗仗。

在此以前，我們雖也曾接獲情報，知道日本鬼子要來掃蕩，但由於資訊不足，沒想到的是日本鬼子除了調動數以倍計的陸軍以外，還調集了十多架空軍轟炸機，在清鄉掃蕩戰的陸軍部隊抵達以前即先飛抵游擊戰區瘋狂轟炸，接著在敵我兩軍正面接觸後，又多次低空飛過，以炸彈猛炸，並以機槍低空掃射，致使我們游擊隊守軍陣地全面被毀，指揮部與第一線正面對抗的部隊間通訊連絡的通訊線路也遭全被炸斷。面對著出其不意的日軍陸空聯合作戰，以及數倍於我的優勢兵力和炮火，致使我們山區游擊部隊全無還手之力而全面潰敗。那天日軍飛機轟炸時，我原在第一線和游擊弟兄們駐守在山區接近樹林一座陣地的壕溝裡，於敵機一輪轟炸陣地大部被毀，於是被迫不得不退到樹林中暫避，而等到鬼子陸軍進入山區，兩軍正面對壘時，鬼子使用的是大口徑的巨砲，我們游擊隊的六０迫擊砲簡直是小巫見大巫，再加以日軍飛機又不時低空掠過強烈掃射，導致我軍雖有山區樹林阻擋仍難免傷亡慘重。

當鬼子轟炸機低空投彈，並伴以機槍掃射時，我左手和右手都不幸被子彈擦傷，所幸傷勢不重，但是游擊戰士們的傷亡可就真是慘不忍睹了，

當時我也因一時閃避不慎而甩落山溝，所幸當時幸藉山下樹林邊一塊巨石掩蔽，方才逃過一劫。但等到下午日寇撤退離去後，山區早已看不到一個游擊隊員的蹤影，躺在地上的人陣亡的陣亡，負傷的負傷，令人驚心動魄而慘不忍睹。

那天，我在入夜時方才從山溝順著流水方向拖著疲憊不堪的身體摸黑下山，好不容易才看到山下似乎有一個村莊，只好強忍著被炸彈碎片擦過的傷痛，到村中一戶隱約仍有燈亮的人家去敲門。想請求看能不能讓我留宿一晚，後來才知道這戶人家姓叢，屋主人名叫叢樹林，也曾是鄭維屏的幹部，他們夫婦可真是大好人，當叢大哥開門看到我時，馬上就認出我一定是山區游擊隊的游擊弟兄，因為他們白天都聽到了日本鬼圍剿山區游擊隊的飛機轟炸及火砲轟擊的響聲，幾乎炸

曾經救我一命的叢樹林大哥夫婦及兒女來台後合影（時任嘉義中學體育教育主任）

射了大半天。叢大哥當時不但立刻扶我進去，還叫叢大嫂立刻端飯菜過來，他說，好兄弟，你一定也餓了吧，先吃飽了再休息吧。真感謝他們夫婦好心，那天晚上不但拿了被褥，把我安頓在他家的柴房中過夜，而且還替我設想，他說：「游擊隊已經被打敗了，看你老家在那裡，還是暫時回老家去避一避吧。」而等我告訴他我是天津人時，叢大哥又熱心的跑去連絡他們的村長，看村長能不能出面跑一趟威海衛，去替我買一張去天津的船票。叢大哥夫婦對我的這份恩情，我一生一世都將永遠銘感在心。還有那位村長，他們都是值得感謝的真正的好人啊！

第二天那位村長老伯果然替我跑了一趟威海衛，但那邊是敵偽地區搭往天津的輪船要有偽政府發的良民證才能上船，我因為沒有良民證，買不到碼頭上游對開郵輪，唯一的辦法是買英國輪船公司的票，惟可乘英國船，而且為了避免檢查，還不能經碼頭上船，要在外碼頭僱一舢板（手搖小船），但要等待日本憲兵檢查完了，離開輪船時，再搭乘舢板搖向輪船經扶梯上船，村長很熱心與我同乘舢板，冒險送我上船，我內心非常感激。第二天當我向叢大哥夫婦告別乘舢板上船，正向扶梯口搖去時，眼看著那扶梯已慢慢升起來了，可是舢板已靠近大船，村長對大船大喊並揮手，而大船卻渾然不知毫無反應，直到船伕搖得滿身大汗，氣喘如牛，三人瞪著眼看著，像一座小山似的大輪船鳴笛開航去了。於是不得不再回到谷山后，當時已經天黑了，村長帶我到後山，讓我藏進另外一間草屋。據村長說，下一船期要等十幾天，此後幾天真是渡日如年！所幸村長好心每日三餐，都由他妻子或女兒送來。谷山后距離日本元池部隊駐防區不遠，祇相隔一座小山，日軍出擊時必經此村。那天中午村長女兒送飯來說：早上曾有十幾個鬼子來逼她父親交出游擊隊，村長回說沒有，便被打的吐血。我聽了不禁一陣心酸，立刻淚留滿面。

那天是一個有月亮的晚上，一個人躺在土坑上（土造的床），一夜不能成眠，想想目前的困境，惟恐給村長帶來災難，本想提起小包袱就走，但正如一隻失群的孤雁，走向何方？日軍佔的是「點」，我們游擊隊佔的

是「線」，共軍佔的是「面」，目前我軍撤走了，去天津雖有一線希望，但也難如登天啊！

當晚，我也曾往好的方面想，要是如果僥倖登上英輪直航天津，要是能上岸，我對天津的路很熟，我知道前門攝影公司附近有一座大橋，叫「金剛橋」，是學貞每天上下班必經之路，要是我能夠到橋邊暗淡的燈光下等她，給她一個驚喜，見了面就會情不自盡的相擁而泣了，要是二人在橋邊細語傾述到天明，那該多好啊！美的幻想，使我迷迷糊糊的入睡了。

天亮前我忽然聽到一陣敲門的聲音，推窗一望，一個士兵說：「指揮官請你去，他在山下等你。」我看情形不對，想將窗子關上不理，但那是間獨立房屋，無處掩蔽，聽外面腳步聲，大約有五、六個人。其中一人對著窗子說：「你已經被包圍了，不出來，我們就燒房子！」我這只好很沉著的推門出去，問道：「你們是那一團的？」一個矮子說：「不用問，跟我們走就是啦！」

在月光下也看不清有沒有熟面孔的，祇好跟他們走，突然一個人從我身後抖開一條粗繩子，套住我脖子，然後將我雙手扭向背後綁了起來。隨後就吆喝著要我交出法幣三萬元，否則就要我的命。

我說：「有三萬六千元都分發了，你們之中有沒有東路的官兵？他們應該都知道的。」其中一個士兵說：「什麼東路西路，我們是八路！」他講話的語氣，我感覺到他們不像是共軍，很可能我軍的散兵假冒匪兵來打劫的。

他們接著便動手翻我住的那間草屋，將我的小包袱也打開散在地上，但一文無有。僥倖的，我僅有的三十元是藏在我的襪子裡，他們沒有翻出來。

隨後他們將我套入一條大麻袋中，抬向海濱放在一舢板上說：「你要是不交出錢來，我們就把你丟下海！」我說：「你們如果不相信，就去找給我管錢的人吧！他就在這村中。」他們這才將我鬆了綁要我帶路，到叢樹林家裡，叢大哥不肯開門，他們便抬個大石塊將門撞開，叢大哥夫婦嚇

得發抖,他們翻箱倒櫃將蓆子掀開,也一無所獲。所幸就在此時驚醒叢大哥父親從後門溜了出去,叫來村長還有幾位老頭,一同向他們求情,他們說:「保證這個孩子絕無貪財之意,請你們放他一條活路吧!」這時看似乎已有放我之意,因為天快亮了,隔山就是日軍營房,他們怕碰上鬼子出擊。

散兵走了,我暗想此劫如果「有錢」就「沒命」了,「沒錢」才「保命」的道理,俗稱「圖財害命」,如果劫無財,害命也無益啊!所以希望大家切記勿貪不義之財。

天亮後,村長將我另藏在一家西藥房的後院中,幾天後村長帶我去威海市,先照了一張快像,到一家英商怡和洋行,辦了一張船員證,當天就上船,穿上制服,戴上白帽子圍上圍裙,在廚房裡洗碗碟。這才與村長含淚握別,用手摸摸他臉上被日本鬼子打的傷痕,無言勝有言,他用手帕擦我臉上的淚水,但也從此一別以後就沒有再見過面,至今僅長留在記憶中了。

王學貞在校打籃球照片,民國二十六年王學貞民德中學畢業適逢抗日戰爭鼓勵王凱聲投筆從戎,參加抗戰。

第九章　抗日大英雄　鄭維屏司令

燕趙男兒　畢生忠黨愛國
帶兵帶心　視隊員如子弟
指揮游擊戰　神出鬼沒
一代豪傑常使日寇喪膽

　　我參加威海衛山區游擊部隊從事抗日工作時的游擊司令鄭維屏將軍，是我們這些從軍報國熱血青年心目中的第一號大英雄，他不但忠黨愛國，領導有方，而且有為有守，深得人望。

　　鄭維屏將軍，是河北省永年縣人，民國前廿四年出生，民國二年從軍，先後畢業於北京陸軍模範團，及國軍廬山軍官訓練團，並曾先後服務於韓復渠的陸軍第廿九師，抗戰前的公職是山東威海衛的警察局長，並代理山東省第七行政公署專員。日寇侵華兵臨威海時，他帶領公署員工及警察組成游擊隊退守山區，先後曾在山東豹虎山、向陽山等地，與日軍週旋，大小數十戰，勝多敗少，殲敵無數，甚受魯北地區民眾愛戴。民國廿七年十月被國民政府正式任命為山東省第七行政區專員兼保安司令及東海特派員等職，是魯北地方民眾心目中的第一號英雄人物。

　　在那時候，共產黨也有一些零星部隊分散在山東境內，他們名義上是和國軍游擊隊合作共同抗日，實際上卻時常會趁火打劫，常常扯我們後腿，所以，我們的游擊隊有時還要兩面作戰，一方面抵抗日本鬼子，另一方面還要防備共產黨游擊隊的暗算，處境可以說是危機四伏。所幸均賴鄭司令卓越領導，不僅安渡難關，而且還打了好多場漂亮的勝仗。

　　據統計在鄭維屏司令率領下，我們游擊隊除了在魯東豹虎山、向陽山

及仞久山先後打過的游擊部隊，僅在民國廿八年這一年，先後對佔領山東各地的日軍各據點不時進行過三十四次成功的偷襲戰，除了廿八年的向陽山之戰及民國廿九年的日軍魯東掃蕩戰，因兵力懸殊，寡不敵眾，以致損兵折將以外，其他大小戰役，幾乎每一戰都有輝煌戰果。這一段時間，由於共產黨一部份散佈在山東境內的游擊隊，也不時趁火打劫，使得日本鬼子非常頭痛，因而在民國廿九年初，日軍曾調集陸海空三軍三千餘人，發起「魯東掃蕩戰」。元月廿九日，陸軍一部由煙台開抵威海衛，進攻主要目標就是盤據在崑崳山一帶的我們這支游擊部隊。自二月十六日開始，我們游擊部隊先後曾和日本鬼子打了幾場遭遇戰，雙方週旋了七晝夜，最後終於因為火力懸殊，日軍又有飛機轟炸的優勢，以致我們游擊部隊終於不得不棄守陣地，潰散突圍。更不幸的是，在突圍的過程中又遭遇共產黨游擊隊趁火打劫，不但沒收我們國軍游擊部隊的槍枝，連人也要帶走，致使我們游擊隊的處境更如雪上加霜，所幸我們游擊部隊鄭司令有守有為，在大部份兵力突圍以後，立即轉移陣地，並在喘息之後，重整旗鼓，我們這支游擊隊的作戰目標便兵分兩路，主要目標當然是日本鬼子，其次，對於共產黨的所謂「人民抗日救國軍」也認為是敵非友。雖說兵分兩路，為軍事作戰大忌，但為情勢所迫，也只有不得已而為之，否則徒喚奈何！

因而在我們這些年輕的游擊健兒心目中，如鄭維屏將軍者，他忠貞愛國，能帶兵能打仗，把我們這些參加游擊隊的熱血青年，都看作自己的子弟，真堪稱一代豪傑，而使我深感可惜和悲痛的是，在大陸淪陷之後，不久他便不幸被共軍逮捕於山東文登公審後遇難。自古以來，燕趙多慷慨悲歌之士。如鄭維屏將軍者，在我們這些當年參與抗日游擊戰爭的青年心目中，他將永遠是值得敬佩的英雄！永遠，永遠。

鄭維屏司令以敵後游擊部隊，撐持東隅抗戰之局面，頗可觀焉。其抗日能不遺餘力，剿匪亦克盡職責，當屬抗戰英雄豪傑！及至神州赤淪，乾坤色變，國共相鬥，士各為其主義，死則死爾，當屬永垂不朽之英豪烈士也。

第十章　兵敗返天津　報國闢新路

初遇學貞　相逢故裝不相識
拜見鞠老師　接受新任務
領良民證　化名王景岳
傳遞情資　鐵路職工作掩護

　　我搭乘英國商潛返天津，當晚潛返家門，拜見父母和祖父母，他們看到我平安歸來，也都很高興。但因為當時天津已是日本鬼子盤踞的淪陷區，地方居民都要良民證，父親擔心我沒有良民證，要我先躲在家裡，第二天他就去找和他有關係的朋友，請他們趕快替我想辦法弄一張良民證。那時候的天津敵偽政府人員，雖然是當漢奸，但還是有些人良知未泯，只要能花鈔票和他們打通關係，弄一張良民證應該不是難事，只不過可能要等一段時間才能辦好。因此我父親叮囑我在取到良民證以前千萬不要出去，以免萬一受到盤查，露出馬腳，因此第二天我一整天沒有出門，但心裡是萬分焦急，恨不得馬上就飛出去找學貞，所以在吃過晚飯以後就顧不得父母的警告，一個人便偷偷溜出去，先到學貞家看看，但祇看到了她母親，學貞還未下班，於是又急忙到學貞服務的那家攝公司去找她，果然學貞還沒有下班，我從窗戶望進去，見她正坐在壁櫃下的一張桌子上整理帳簿，當時我怕驚動別人一時不敢喊她，就在外面等他，一直等到公司的燈熄了，見她從公司走出來，我這才迎上去叫了一聲「學貞」，可奇怪的是，她明明已經看到我了，但卻只是楞了一下，隨即停下腳步一語不發，我再向她走近想拉她的手，她也將手縮回，而等我想擋住她去路把她攔住時，她一轉彎就向旁邊另一條路快步閃躲，然後頭也沒回就走了。這下可把我也楞住了，難道……我簡直想也不敢往下想了。

不過，事情並不如我當時想像的嚴重，而是學貞的機智，因為，不久以前曾發生有人拿我從游擊區寄給她的信到她家敲詐的那件事，她嚇怕了，這時候突然會面，要是被人看見，那肯定就會又惹出是非來了。尤其是在她剛下班的時刻，碰面的地點又離她上班的攝影公司不遠，而公司老闆唐通伯一直想追她，要是讓唐通伯看到我從游擊區趕回來和她見面，萬一他不懷好心到日本憲兵隊或者偽政府警察局去報案，那就可能會有人來抓我，所以她和我見面時故意裝做不認識，那完全是為我的安全作想，而我竟一時不察，還以為她我之間的感情有了變化，那可真是冤枉她了。

回天津後第一次和學貞見面，她故意裝作視而不見，是為了保護我的安全，過三天以後我再到學貞家去看她時，當時因為沒有外人在場，她親口告訴我的。這時，父親找關係讓人替我辦的良民證已經辦好了，並替我取個化名叫「王景岳」。

另外，父親問我：「這次回來有什麼打算沒有？」我回說：「暫時沒有。」父親說：「那麼，過兩天你不妨去看看鞠老師吧。」鞠老師是我的中學國文老師，人很好，也是一位熱心的愛國份子，以前在學校時，他除了在課堂上照課本授課外，也常常會給我講一些做人做事的大道理，尤其是「人生當以忠孝為先」這幾個字，更是經常掛在嘴邊，不時對我們曉以大義。文天祥等古代忠臣的故事，對我們也不知曾講過多少遍。他對我也很好，知道我在學校時是運動選手，他也常對我說，身體好，固然很好，但是書本子也不能放下，好男兒要智勇雙全，才可替國家多做些事。」天津淪陷後，不知道什麼原因，他一直留在天津沒有走，仍留在學校教書。他和我父親也是老友，我離開天津以後，他還曾向我父親悄悄打聽過我的消息，知道我去了游擊戰區，他也對我父親說，「很好，這孩子有志氣。」這次回來，父親要我去看他，我當時不知道父親的用意，等見過面以後，我才知道父親的意思，原來，鞠老師一直就替軍統局做地下工作，教書只是職業掩護，所以，天津淪陷後之所以未去大後方，只是為工作需要。

　　鞠老師知道我是忠貞愛國的青年，再加上他和我父親是摯友，所以我去拜望他時，他對我談話一點也不隱瞞，只是問我，有一個職位不高，也有點辛苦，但卻是很意義的工作，問我：「肯不肯屈就？」我回答說：「老師您是知道我的，只要是報效國家的工作，不管怎麼苦，我都會願意的。」

　　後來鞠老師告訴我，聽說你父親已經托人替你安排到偽政府天津鐵路局西站去做一名接送貨物的服務員，他說：「這份工作職位不高，薪水也不高，但是你做了以後會覺得很有意義。」接著他告訴我意義在那裡，原來那是一份為他們地下工作人員擔任「交通」的工作，所謂交通工作，講白一點，就是傳遞情資，因為有送貨工作做掩護，所以不會啟人疑竇。不過，擔任這份交通的人，第一必須忠貞可靠，第二必須機伶必要時要能隨機應變。鞠老師告訴我，原來擔任這項工作的一位中年人，不久以前不幸因為車禍受重傷，當時仍在住院，鞠老師正愁找不到合適的接任人選，看到我以後，他說：「正好你回來，希望你能繼續把這個擔子挑起來。」

　　我聽了以後，馬上站起來立正向鞠老師報告說：「我願意。」就這樣，我就搖身一變成了一個"地下工作的交通員了"。不過，我從事地下工作的這件事，除了鞠老師，我的父親，我自己，以及學貞以外，再沒有其他任何人知道，就連學貞母親，我和學貞也決定瞞著不讓她老人家知道，以免她老人家擔心。

第十一章 遭奸人檢舉 驚險受陷害

只羨鴛鴦不羨仙 好景不長
小人唐通伯 廣發檢舉函
警局應訊遇好人 通情達理
偵詢避重就輕 未予追究
媒體記者聲援 平息風波

　　有了良民證，也經鞠老師介紹到鐵路局西站上班。由於我父親是在天津從事運輸業工作，和鐵路局人員大都熟悉，只不過他沒有告訴他們說我是他兒子，而說是他靜海老家的遠房姪子。因為我已化名王景岳而不叫王玉林了。鐵路局同仁對我也很照顧，如果我另因有任務晚到或延遲返回公司，他們也都睜一隻眼閉一隻眼的不計較。

　　我可以公開露面了。工作之餘，我和學貞約會的時間自然也越來越多，每天下班以後，除了另有任務以外，我們二人通常都是在離家不遠的天津獅子林見面，而後去看電影。要是放假的日子，便去北寧花園划船，那真是一段“只羨鴛鴦不羨仙”的美好時光！

　　只不過，好景不常，沒想到的是，學貞服務的那家攝影公司經理唐通伯，他把我們盯上了。這個人原本就不是一位正人君子，上次拿著我從游擊區寄來的信到學貞家敲詐的事，當年很可能就是他搞的鬼。

　　果不其然，在去鐵路局上班幾個月後，學貞正式向攝影公司請求辭職，但唐通伯不准，學貞替他把接替會計工作的人都找好也接手工作了，他還故意刁難，硬說學貞經手的收帳簿上帳目不清。學貞自認經手的帳目絕對沒有問題，就置之不理也沒有再去上班，唐通伯心有不甘，於是就發函向偽警局檢舉，指控學貞的男友王景岳是抗日份子。警局接獲檢舉函後

傳學貞去問話，問話人是偽警局的一位偵查科長，他事先經過調查，知道我確實是鐵路局職工，而且看到學貞端莊大方的氣質，他也不相信學貞是會找抗日份子做男朋友的人，所以只對學貞的生活環境及工作情形略為盤問幾句，就放學貞回去了。臨走前，那位問話的偽警局偵查科長語帶玄機又問了一句，他說：「有人匿名寫信檢舉你的男朋友是抗日份子派來天津工作的，妳知這個匿名寫信的是誰嗎？」

學貞當時回答說：「我自幼至今，從未得罪過任何人，實在不知道為什麼會有人想害我。」

那位偽科長又補了一句說：「回家去好好想，三天內再來答覆，寫信告訴我也可以。」不過，妳要找個保人才能回去。」

民國廿十八年學貞在攝影公司當會計時的照片

如今已事隔多年，學貞還大概記得她當年答覆偽特務科長的信是這樣寫的：

「敬稟者，民女王學貞前蒙鈞座傳局問話，承囑示指定某發信人之事，民女經多方調查，費盡思索，實不能查知發信人究係何人，民女知識淺薄，素日並無有追求者，故礙難如命，懇乞大人為顧全民女名譽起見，請多加保護，則民女此生感恩不盡。恭頌科長大人德政，民女王學貞稟上。」

這封信的發信日期是民國二十九年七月十四日，原以為這件案子到此就已結束了，誰知道事隔十天，也就是民國二十

九年七月二十四日晚九時，又有一位叫董貴文的人，到學貞家中來告訴她說：「是前門攝影公司經理唐通伯，寫匿名信檢舉王景岳為抗日份子，潛來天津從事破壞暗殺工作。

這封信還繕寫了好多份，分別寄送日本特務機關、憲兵隊、警察局、市政府等各機關，還有各報社。他說，此事唐通伯曾於事前與他商議，並請他代為抄寫寄發。」

董貴文自稱交際甚廣，此事尚可挽回，並說：「我有把握將檢舉信撤回，但必須花一點交際費。」

民國二十八年七月學貞任前門攝影公司會計時的照片

學貞母親深恐受害，便請求他幫忙，並將學貞手上一枚金戒指先拿下來送給他，並告訴他明天再張羅錢，請他明天晚上來拿。

第二天晚上十點，董貴文果然來了，但隨在他身後又進來兩名偽警局特務人員，他們是抓了董貴文帶到學貞家來就地偵詢的。

於是學貞鎮靜不慌，將昨晚情形一一說明，特務人員當場在董身上搜出學貞母親送他的金戒指，由於人證物證俱在，他們便將董貴文帶往警局，並根據董之供詞，連夜將唐通伯逮捕。

第二天再傳訊學貞，她仍堅稱不知道王景岳是抗日份子，也未見到我帶有有任何反動文字及武器，並由偽警局當場做成筆錄。

依據偽科長刑訊的記錄，董貴

文承認他的確曾協助唐通伯繕寫匿名信並代為寄發。事後又因其妻即將分娩，想再向唐通伯借錢被拒，才又轉向王學貞詐財。

唐通伯應訊初不招認，後被打得皮綻肉開，才承認確實是他主動授意寫信匿名檢舉，但他仍強調檢舉的「全是事實」。不料偽科長聽了這句話後，馬上要記錄人暫時停記，然後怒氣沖沖用皮鞭又在唐通伯身上猛抽，直到反覆審問多次，唐通伯才承認說：「檢舉的不是事實。」這才做成筆錄將二人收押。

再訊問學貞，關於他在前門攝影公司服務一年半的情形，學貞說：「唐經理對我們很好，不會陷害我們的。」不料，這句話卻惹怒了偽科長，他問學貞說：「你居然不指控唐通伯是檢舉人，還替他脫罪，那麼好你必須告訴我第三嫌疑人是誰？否則我會把你也關起來！」學貞低頭不語，偽科長這才說：「姑念你年幼無知，不怪你，但此案尚在偵查階段，限制妳住所不得遠行，但要找人作保隨傳隨到。」學貞回說：「我祇有寡母一人，無親無故，所以無人作保。」

偽科長思慮了一會，對他的屬下一位姓王的科員說：「姓王的都是同宗，你就給她作個保吧！」學貞這才安然獲釋。由此可見，偽科長此人雖身為漢奸，但良心尚未泯滅，故而才將此案避重就輕，問成一樁匿名誣告，趁機詐財的案子。

唐通伯檢舉的案子看似已在偽警局結案了，其實後面還有餘波盪漾，那就是天津新聞界知道了這件事以後，發動了對我的追蹤採訪。

我記得那是民國二十九年七月二十九日，那一天也是偽警局結案後的第二天，那天下午四點鐘左右，我正在西站貨物取運所上班，突然有七位新聞記者來找我，在表明身份後，他們說，祇是想邀我去談談，還說他們是代表天津七大報社來訪我的記者，絕對不會是日本特務，請我放心。

我隨他們到了中原公司五樓的西餐廳，這七位記者一一自我介紹後，他們告訴我，這七家報社是在六月底就都已接到相同的複寫匿名投書，檢舉王景岳是抗日份子。昨天他們到警察局採訪，才知道原來匿名人已因誣

告罪被扣押了。他們七家報社都支持警局的審理，但是令他們為之擔心的是，將來可能還會有日本特務機關和日本憲兵隊、以及一個叫「黑龍會」的黑社會組織尚未表示態度，可能還會再找麻煩。一位天津益世報記者對我說：「目前，我們是被奴役的國家，祇有強權沒有公理。三年來已不知有多少青年，被誣為抗日份子的罪名慘遭殺害。」

又說：「目前你二人的處境還是相當危險的。我們大家都是中國人，誰不愛自己的國家。我們願意幫助你二人離開天津。」

當時，我惟恐是個騙局，便搖搖頭說：「不必逃走。」另一位大公報記者聽了後就說：「既然你甘願留下來冒險，我們也願意盡力幫助你，希望你提供一些反控的資料，對你倆有利的方面，我們會發動輿論來支援你們。」

於是我便將我和學貞是中學同學，並且我曾拜學貞母親為義母，以及最近因論及婚嫁，學貞請求辭職致引起她服務的公司經理不滿，妒恨之餘，投函誣告的經過，一一說明。

他們七人將新聞稿協調好了，還請我吃了一份西餐，分手時說：「明天見報」。

第二天，果然，平津兩地各報地方版均以明顯標題刊出新聞，並有社論稱讚警察局扣押誣告罪犯，保障好人。呼籲日本當局，對匿名檢舉人，先加調查檢舉的動機，公正處理，赦免無辜以服民心。

這條新聞當天轟動了平津兩市，並立即成為街頭巷尾茶餘飯後的閒話主題。一份叫「銀線畫報」的雜誌並刊登學貞照片，另外也還有很多知識青年投書給報社，要求嚴懲唐通伯。不久，偽警局將董、唐二人移送法院後，法院又重開偵查庭，傳學貞作證，證詞與警察局一樣，但並未指證唐是檢舉人。唐通伯也推翻警察局供詞，說是受刑不過。加以爾後偽法院兩次再傳訊，學貞到庭應訊均以愛仇人的耶穌精神，供詞有利於唐通伯，加上唐家也大量花錢活動法官，唐通伯這才得以交保獲釋。

第十二章　比翼雙飛鳥　喜結連理枝

洞房花燭夜　喜樂與感傷同在
不幸患肺病　伊人憔悴
患難夫妻誓言　生死與共
當年言猶在耳　字字擲地有聲

　　我從民國廿九年二月返回天津，到民國廿九年八月底這一段時間內，除了在鐵路局按時上班，並暗中從事鞠老師交待的地下任務外，大部份時間均困於唐通伯的黑函檢舉，雖然幸賴老天庇佑，結果未曾遭到陷害，我是毫髮無傷，但是對學貞這一個善良純潔的青春玉女來說，她在精神上所受到打擊，卻是相當沉重的。她不僅時時要為我的安危擔心，還要隨時照顧老母親的精神健康，因為，每一次傳訊，她老人家在家裡總是要擔驚受怕，生怕有個三長兩短。因此在偽警局把唐通伯的檢舉案偵結以後，她老人家就要學貞和我商量，為避免夜長夢多，不如早點把婚事辦一辦，然後再到外地去謀生，就不用再過這樣終日擔驚受怕的日子了。我的父母也同意學貞母親的意見，而也就在我們倆正籌備婚禮，準備在十月廿七日訂婚，十一月卅日結婚時，唐通伯賊性不改的又作怪了。

　　那是在十月九日上午大約十點多鐘，突然有三個日本西址憲兵隊的憲兵，到學貞家中把她帶走了，我知道消息後，先去安慰岳母，請她老人家不要擔心。因為這時候我不久前剛打聽到有一個原名叫陳濤的小學同學，當年他和我非常要好，這時他已娶了一個大漢奸的女兒，這位大漢奸和日本特務機關的關係很好，於是我便去找陳濤，拜託陳濤請他老丈人向日本西區憲兵隊關照一下，他老丈人允諾後我再去西址憲兵隊接人。

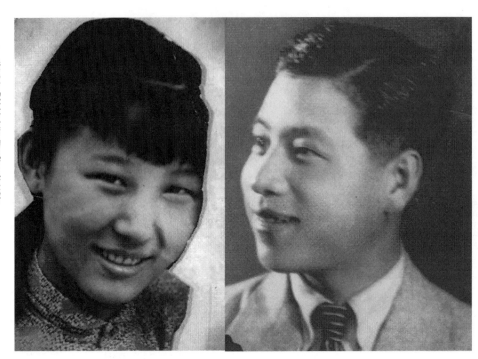

接受凱聲求婚的學貞笑容

等我到憲兵隊時，這才發現果真是唐通伯報的案，他還強詞奪理對日本人說是我搶了他的會計，不過，他似乎不敢正眼看我，而那個日本憲兵少尉似乎也沒有理他，反而當他面就吩咐把學貞放了。我想這一定是由於陳濤的那位大漢奸老丈人關照過了的關係。

我記得當年我們是選定在民國廿九年十月廿八日訂婚。但並沒有什麼儀式，只是我和學貞及雙方父母到照相館照了幾張照片而已。接著在十一月卅日舉行的結婚典禮則比較隆重，那天婚禮是選在天津南市松竹樓餐廳舉行，雙方親友來參加的人很多。我和學貞談了兩三年時間的戀愛，通了多少封情書，共渡過多少次患難，終於修成正果了。新婚之夜，我們二人回首往事，有悲傷也有喜樂，有淚水也有歡笑，那真是我們終身永難忘記的一夜。

生長在戰亂的年代裡，歡樂的時光永遠是短暫的，學貞出身於富貴人家，千金小姐身材一向弱不經風，自我重返天津後，我們倆雖然經常在花

前月下互訴衷腸，她心情稍為好轉，但因屢受唐通伯存心不良的告發困擾，使她終日擔驚受怕，所以健康始終未見起色。婚後蜜月期間，似乎原就已有體力不堪負荷的徵兆了，果然，到了十二月初就發病了，最初祇是有些頭暈、咳嗽，全身乏力，不思飲食，當時我還以為她祇是患了風寒，請中醫把脈後吃點中藥就應該沒事了，可是吃藥居然無效。到了第二年

我與學貞訂婚儷影(中)岳母

四月，她忽然大量吐血，我這才覺得事態嚴重，趕忙送西醫院急救，經過檢查才知道是患了肺結核。在那個年代，肺結核不但是傳染病，而且可以幾乎說是絕症，看到她那時伊人憔悴的面容，我的心也跟著碎了，難道真是造化弄人嗎？我真不敢想像。

　　而就在學貞臥床九個多月，病況稍有起色的時候，我和學貞突然又接到了偽法院的傳票，傳票的文號是「密偵」字ＸＸ號，一看就知道又是去年的老案子重新偵查了。我的下意識裡警覺到，一定又是唐通伯在搞鬼，而他想必是又找到新證據才敢再告，如果出庭，我們很可能就凶多吉少了。於是我漏夜去英租界找鞠老師看能不能想想辦法，沒想到一見到鞠老師，他竟然先說：「你來得正好，我還正想去找你呢？」

　　原來他想告訴我的是：當年在威海衛領導我們打擊日軍的游擊隊司令鄭維屏將軍，又重新整頓舊部隊，東進轉移到了山東半島的文登境建立據點，正在號召熱血青年有志一同齊心抗日。鞠老師說：「你是他的舊屬愛將，應該趕快歸隊。何況，你現在的身份等於是已經暴露了，留在天津處境實在太危險了。至於我交待你在天津的這份工作，我會另外找人接替。」

　　說完以後，鞠老師就催我趕快回去，並要我把學貞也一起帶走。

　　從英租界回來，我把鞠老師的話一字不漏的轉告學貞。只是我怕學貞身體尚未痊癒，健康狀況恐怕受不了旅途勞頓和戰地生活的艱苦，但是她說：「我撐得住的。」又說：「我們是患難夫妻，生要生在一起，死也要死在一起！」學貞的話真使我非常感動。我和她如今都已是古稀之年了，四五十年以前她對我講的這幾句話，如今還言猶在耳，真是字字擲地有聲！

第十三章 再闖游擊區 鴛鴦結伴行

遙見國旗飄揚 學貞熱淚盈眶
鄭司令歡迎歸隊 稱我們是金童玉女
山區空氣新鮮 有助學貞養病

民國三十年王凱聲二十二歲谷山后蒙難返津與學貞結婚後十月初同赴游擊區，與岳母攝於山東文登境陳家堡。

民國卅年十月初，我偕學貞同赴游擊區，這次的目的地是山東文登境內的陳家堡，但要先經過煙台和文登，這些城市當時都是淪陷區，所幸鞠老師已經和游擊區鄭司令那邊連絡過，要我們抵達煙台後住宿進鞠老師指定的那家旅社，游擊隊自會有人來接應。

那時候，我和學貞都有良民證，又是夫妻同行，所以不會引人懷疑，只有短短兩天，便經由煙台抵達文登境內的陳家堡游擊戰區。在接近陳家堡時，遠遠便看到山頂旗桿上青天白日滿地紅的國旗，正在迎風飄揚，從天

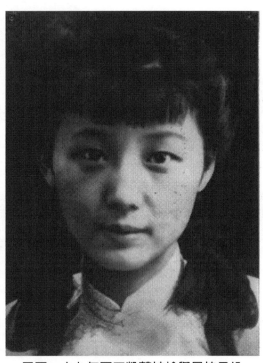

民國二十八年二十歲赴羊亭參加抗戰於魯黨政軍幹校受訓，畢業任指導員。

民國二十九年因王凱聲被檢舉是抗日份子，學貞被偽警局傳訊，受重大打擊。

津淪陷以後，學貞已有四年多沒有看到國旗了，當她看到國旗的一剎那，不禁高興得跳了起來。

走進營區，立刻便看到很多當年在向陽山並肩作戰的老戰友，他們看到我歸隊，還攜帶學貞這位美嬌娘一起同來，都一窩蜂的擁上來熱烈歡迎。還有一些不認識的新同志，初見面時，他們還開玩笑的說：「初見你們這對金童玉女時，我們還以為你們是來演戲的呢！」

當天下午晉謁鄭司令，他對我重新歸隊表示熱烈歡迎，也歡迎學貞同來，他對學貞說：「救國不分男女，人人有責。」他還安慰學貞說：「山區空氣新鮮，妳的身體很快就會好起來的。」另外他還吩咐管理行政事務的參謀，要他替我們好好安頓住宿的地方，他對我們夫婦無微不至的愛護，我和學貞都衷心感謝。

民國三十一年王凱聲與學貞隨軍步行五晝夜於黃菴山一場遭遇戰爭，與日軍激烈戰鬥，由斷崖墮下受傷，由醫官帶至王樹榮家中休息。

民國三十四年廿六歲抗戰勝利青島復員王凱聲任職於肅委會，三十五年二月展開肅奸行動逮捕漢奸、查封財產，臨財不苟、純真無私，達成任務。

　　晚上，我們又分別會見了戰區的其他各位長官，王旅長和石指揮官是老長官，有幾位新來的長官，以前沒有見面的，他們對我們同來參加抗日活動，也表示熱烈歡迎。

　　第二天，鄭司令發佈命令要我暫時擔任司令部機要參謀，他說，你的能力我是信得過的，以後就跟在身邊替我策劃策劃，我們一定要再打幾場勝仗，讓日本鬼子好好嚐些苦頭。對於學貞的工作，鄭司令也安排她暫時擔任參謀處書記，只要做一些抄抄寫寫和發發口令及機密文件保管等，學貞絕對是可以勝任的。

　　剛到山上的兩三個月，山區的情勢完全沒有太大變化，我們游擊隊雖

然也曾和日本鬼子及四鄉的共產黨游擊隊,有一些零星的接觸,但都是小規模的遭遇戰,雖也有斬獲,但傷亡都不大,戰果都不算豐碩,但在民國三十年春節過後不久的國曆三月初,游擊隊「夜襲劉公島」那一仗打得可就漂亮極了。

學員民國三十年參加抗戰接受山東第七行政專員公署書記職務的派令

第十四章 夜襲劉公島 獲中央嘉獎

未發一槍一彈　未傷一兵一卒
殲敵二十餘人　全憑大刀砍殺
擄獲大批兵器彈藥
榮獲蔣委員長傳令嘉獎

　　游擊戰的戰術原則之一是：「敵弱我強則攻，敵強我弱則避。」我們
游擊隊在抗戰期間就是本著這個原則，不知道和日本鬼子曾交火過好多
次，總是勝多敗少。其中值得一提的民國卅年三月的那次「夜襲劉公島戰
役」雖不能算是一場大勝仗，但卻是一場非常漂亮的勝仗。因為在這次戰
役中，我軍未發一槍一彈，未傷一兵一卒，就憑大刀砍殺，居然能砍死廿
一個日本鬼子，還擄獲輕重機槍十六挺、步槍卅二枝及大批步機槍子彈，
在對日抗戰的游擊戰史上寫了輝煌的一頁。捷報經電台密報中央後，曾獲
蔣委員長傳令嘉獎，所有參與此次戰役的官兵每人都晉升一級。另對攜情
報前來投誠的偽軍大隊長于虎臣授予少校軍階，並另發獎金一萬元，其他
各敵後戰區的戰區司令和游擊司令知道消息後也紛紛來電報向我們游擊隊
鄭司令致賀。

　　前面提到的那位投誠的偽軍大隊長于虎臣，為什麼能獲得委員長傳令
嘉獎呢？那是因為他投誠時攜帶了有關劉公島偽軍基地的機密情報，包括
島上日本鬼子及偽軍的佈署，槍械彈藥倉庫的位置，以及規劃我們游擊隊
如何偷襲路線等等，是因為有了這份機密情報，我們游擊隊才能突襲成
功，大獲全勝。尤其是他提供的偽軍部署及作息時間的確切情報，我們才
能策訂完美的進度計劃，一舉得全勝而歸。

　　劉公島位於威海衛附近的一個小島，有一座日本鬼子的彈藥庫，包括我在內我們的突襲部隊其實只有一百餘人，大家是乘卅餘隻小舢板，於深夜時間，繞過日本鬼子的海上軍艦隊，在劉公島後灘潛行登陸，主要目標就是要突襲島上的彈藥庫。我們得到的情報是彈藥庫附近有一個日本鬼子的宿舍，只有廿一個日本鬼子住在裡面，我們必須先解決這些鬼子，而後才能進彈藥庫搶奪彈藥軍械。我現在還記得我們游擊隊突擊劉公島那天是民國卅年春節過後不久的三月一日，天氣還很冷，我們所獲得的情報是日本鬼子的教官宿舍是封閉的，因而直到我們游擊戰士登陸抵達宿舍，並已先將衛兵繳械時，日本鬼子才驚醒大叫，而就在他們還來不及拿槍時，我們身手靈活的游擊健兒們已經一齊動手把大刀砍過去，廿一個日本鬼子就這樣在還沒有完全清醒的情況下，一個個被砍死在床上了。

　　島上的彈藥食庫就在宿舍附近，我們游擊健兒殺進彈藥庫後，守衛的偽軍都舉手投降，因為他們都是中國同胞，所以游擊隊在他們交出倉庫鑰匙以後，都未予傷害。真正做到了未發一槍一彈，未傷一兵一卒，就擄獲大批軍火彈藥的輝煌戰果。

劉公島

七夕是生離
七七的夜燃起了憤怒的火焰　　　切齒無言
在橋 在川 在山巔 在水茫　　　返津輪上壯士慷慨赴義去
淒淒的是血染的黃河　　　　　　遙望遠方
戚戚的是肉築的長城　　　　　　默默揮手告別淚映劉公島

第十五章　戰敗黃菴山　學貞嚐苦果

躲避敵機轟炸　山路崎嶇難行
日寇慘無人道　肆虐殘害無辜
千鈞一髮之際　幸老班長搶救

　　由於劉公島大捷惹毛了日本鬼子，駐守在山東半島的日軍惱羞成怒，終於在民國三十一年初，再一次調集海陸空大軍，對駐守文登山區的游擊部隊再一次進行所謂的掃蕩戰。

　　這一次日寇大舉進犯，我軍已早有情報，所以交戰結果，我軍雖然是打了一場敗仗，但因事前已有心理準備，加以鑑於兩年前在威海衛那場戰爭的教訓，所以，鄭司令決定的戰略是，敵來我退，暫避其鋒，使其撤退

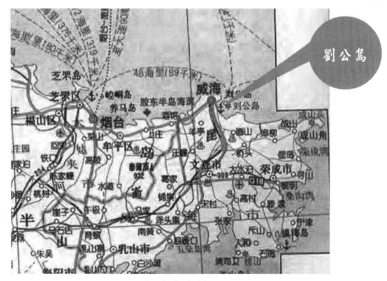

膠東半島地圖

後再伺機進擊。不過，由於日本鬼子的火力實在太猛了，所以交戰的結果，我軍仍然有不少傷亡。對學貞來說，抵達游擊區不久，就品嚐到了「劉公島大捷」的喜悅，而這次掃蕩戰，卻也令她品嚐到了大軍撤退時山路難行的苦果。

這場戰爭是發生在民國三十一年三月廿五日，在前一晚威海衛敵後我軍電台來電報，通知說：日本大軍可能進攻文登營南的我軍駐地。鄭司令決定的戰略是，不能硬碰，只有先行走避，於是司令部通令全軍準備出發，但暫時沒有宣佈目的地。部隊行動時，我與學貞都穿著當游擊隊的灰色棉軍裝，背著簡單行軍袋。石團長贈還給學貞一枝小手槍，讓她帶在身上，還對她說：「學貞，這小東西在戰場上沒什麼威力，惟一用處是假如不幸受傷不能行動或被俘時，可以用它達到成仁的目的。」

深夜一時，傳達「口令」後出發，全軍集體行軍，獨立團為先鋒，向東方撤退。不到一小時，天降細雨，很多人的棉軍服都淋濕了，增加不少重量，再加以走的是山上羊腸小徑，又濕又滑更加難走。

學貞穿著一雙布鞋，被泥濘黏住而脫落，她怕跟不上隊伍，竟然赤足急追。後來這隻鞋子是勤務兵幫她找回來，我便用帶子綁在她腳上。

天亮時，全軍已爬上一座大山掩避起來，分配一些冷地瓜充饑，學貞吃了腸胃很不舒服，但也沒有辦法，戰地生活本來就是這樣！

白天部隊暫停在山坡草地上或樹林中休息，但不准下山，等到黑天再行軍。

營南陳家堡傳來的消息是這樣：「敵人陸軍自威海衛出發，海軍陸戰隊自煙台出發。三月二十五日早晨到達文登會合約有三千人，先以飛機偵察後，再以野戰砲自文登營山頂，向我陣地圍牆發射，圍牆被打了幾個缺口，未見還擊，也未見到一兵一卒，日軍這才發現，原來已是個空城，於是便下山來將村莊包圍，入村將村民不分男女老幼婦儒，都驅至東門外大操場上集合，據事後得知的情報是，村中二百六十餘位手無寸鐵、毫無抵抗能力的老弱婦孺，一瞬間就被鬼子機槍點名慘遭屠殺，隨後日寇將所有

村莊房舍放火焚燒，慘無人道的暴行令人髮指！

嗣後得悉；我軍深夜開拔後，即有敵諜尾隨，將我軍之行跡情報隨時供給日軍。因而三月廿七日到達黃菴山，方吃過午餐，學貞服下治腹瀉的藥丸，剛想午睡時，突然又傳說鬼子來了，兵荒馬亂中，全軍亂成一團，紛紛向北大山脈高地奔跑，大家亂跑亂叫，學貞初到戰地不久就面臨這樣狀況，可真是嚇壞了。

此時我與學貞因離村較遲，走在最後面。突然機槍之聲大作，回頭一看敵人業已迫近，當時我一想不脫離大股隊伍就走不掉了，於是便拉著學貞向東側小山跑去，這裡的環境，我因為當年在羊亭打游擊時曾到這裡受過訓，所以比較熟悉。跑了不久，雖然跑進山區，與大部隊拉開了距離，但是仍在敵軍炮火射程以內，不時仍有日軍炮火由頭頂上擦過，學貞這時已兩腿無力實在走不動了，於是我便擁抱著她倚靠在路旁一塊大石上，想暫時休息一下，這時我看到她緊閉雙眼，但似乎並無懼意，似乎還真有一副巾幗英雄的氣勢，心中不禁五味雜陳，又是憐惜，又是敬佩。心想，我們萬一要是不幸殉難，那也是一對愛國的苦命鴛鴦，我們不虛此生！

就在此千鈞一髮之際，我忽然聽到手榴彈爆炸聲，彈著之處，我看到兩個日本鬼子應聲而倒，啊！原來我們已被鬼子發現了，而當鬼子正舉槍對向我們二人時，幸而和我們一起奔逃的獨立團的一位老兵班長，他發現了鬼子跟蹤，於是他先發制人向兩個鬼子甩了一顆手榴彈，這才救了我們二人的性命！

後來我們繼續逃跑途中，又要翻越一座高山時，也是幸虧這位老班長用他身上步槍的皮帶套在學貞腰上，由他持著槍柄用力往上拉，我在下面推，二人合力才把學貞推上山頂，最後終於逃到了安全地帶。

這時我才知道，這位兩次救過我們夫婦脫離險境的老班長名叫叢永德，記得他有一次為了他和團部一名書記吵架的事，還曾被我狠狠責備過一次。但是，這次他卻完全不計前嫌，對我們夫婦兩次伸出援手，真是一位忠義的漢子，他的名字現在我還銘記在心。

第十六章 大部隊失散 雙雙陷險境

迫於形勢 不得不忍痛暫別
金蘭交 重情義 學貞幸運脫險
皮背囊幸擋子彈 遇伏擊壯士折腕
冒充偽軍官 療傷痊癒

　　民國卅一年三月下旬的這場戰爭發生之前，我已被鄭司令派調升我為獨立團副團長，該團石團長和我於幾年前在羊口打游擊時就認識了。這次被日本鬼子重武器炮火趕出山寨時，也因為敵軍火力太猛，一下子就把獨立團部隊衝散了，下山以後，到了威海區的王家齊時，雖然有很多官兵陸續歸隊，但石團長始終沒見到人影，職責所在，我這個年輕的副團長當然負有集合殘部重新整頓的責任，這時，是團裡的一位名叫于渤海的醫官，他見到學貞這樣一個年輕婦女在敵軍中躲避戰火的狼狽狀況，心有不忍，於是他建議我，不妨把學貞暫時留在王家齊，他還告訴我說，我們司令部電台台長王樹榮的老家就是在王家齊，他和王樹榮媽媽也認識。而且于醫官還說，據他所知，王樹榮老家還有一個妹妹，到他們家，也不愁脫下棉軍服時沒有婦女服裝可換，於是我便聽從他的建議把學貞暫時留下，自己再在亂軍中負起整頓部隊的任務，學貞雖有些依依不捨，但逼於情勢，也就只忍痛暫別了。

　　就在我整頓獨立團弟兄正準備重返文登，途中遇到同是我們游擊區的另一支部隊，團長姓李，於是兩團立即合併行軍，途中經過離王家齊不遠當時是由偽軍駐守的橋頭鎮，我忽然想起當年在威海衛羊口游擊區有一位和我感情很好並且磕頭結拜過的弟兄，名叫范晉熙，後來不知什麼原因跑去投靠了偽軍。

於是我立即趕回部隊，準備整頓返防，就在此時，游擊隊另一支由李子峰團長帶領的部隊也在狼狽不堪情形下抵達王家齊，於是兩團立即合併行軍，準備漏夜再返文登。

在行軍途中，李團長告訴我附近有一個叫橋頭的地方，位置在文登和威海衛之間，那正是我們返防的必經之路，那時橋頭正由偽軍防守，為了避免危險，我們部隊必需轉進山區繞過橋頭才行，李團長還告訴我說，駐防橋頭偽軍中有一個連長叫范晉熙，以前也在羊亭口山區游擊隊當過連長，曾和我們一齊抗日，後來我們部隊打散了，他就沒有歸隊，不知道怎麼跑到偽軍去了。

聽說范晉熙這個名字，我立想起

一九四二年五月八日我手傷開刀由方醫師（右）主持，將碎骨取出，消毒後再縫好，經過二十天出院，住威海衛青島街大華公寓；再前往洪範醫院電療每天一個小時。

來，他當年在羊亭口還曾和我感情很好，義結金蘭成為磕頭兄弟呢。而且于渤海醫官也認識他，於是我靈機一動，便和于渤海商量，看他們能不能替我跑一趟去找范晉熙，看他能不能看在當年結拜的面子上，去到王家齊把學貞接來橋頭，並且告訴他學貞就是我的另一半。于渤海欣然答應，范晉熙也果然很講義氣，第二天就派人牽了一條騾子走了一天山路，才趕到王家齊把學貞接到安全地區。

後來據學貞和我再見面時告訴我說，他在王樹榮家，王樹榮母親和妹妹對她都很好，只不過附近的共產黨八路軍婦女幹部不知道從

在威海衛負傷於洪範醫院就診時，我及學貞(右)倆夫婦與探病友人田桂芳(中)合影

那裡得來的消息，竟也跑到王家來要王樹榮母親交人，幸虧范大哥派人來把她接走，不然就怕會有麻煩了。

學貞還說，「范大哥人很好，他對那些偽軍軍官太太們面前，也毫不隱瞞我的身份，那些偽軍眷屬對我這位女游擊隊員雖有些好奇，但都很和善。」

這件事，聽說范晉熙的上級也就是偽軍保安團團長兼橋頭區區長梁俊逸也知道了，而他不但沒有責備范晉熙，反而要范晉熙對學貞妥為保護，由此可見，當時身在曹營心在漢的偽軍還真不少！

至於我這一邊，我們獨立團和李團暫時合編成的混成旅，在由王家齊東進途中，一度曾發現日本鬼子汽車多輛，因恐有日軍追蹤，不得不連夜至附近平頂山避居，第二天再向北轉進。不想下山後就是一片平原，而日本鬼子正好就埋伏在下山路口，一時槍聲大作，我軍正好陷入虎口，以致傷亡慘重。當時，雖然幸而是李團在前，我團在後，但傷亡依然不輕，眼見游擊弟兄們一個一個在面前倒下，心中真是難過到了極點。當時，我雖然和另外幾位弟兄機警的跳進了山邊的一條小水溝，但仍在俯身沿溝而上時，遭遇一陣密集的機槍子彈橫掃過來，眼見我前面的兩個士兵，應聲倒了下去，我幸運的是腰間正好掛著一個皮囊，裡面有地圖、膠鞋等雜物，就是這個皮囊救了我一命，因為嗣後發現就是那個皮囊截住了七顆子彈。

後來，我終於跑上山腰了，但前後左右，總脫不開一陣一陣的槍彈，而就在我奮力蛇行將要越過山嶺之際，忽然發生左手腕與右腳同時一陣疼痛，我想，我已中彈了，但仍強忍疼痛，拼命翻過了山嶺。一直等到達較為安全地帶，才看看傷勢，這才發覺右腳祇是皮肉傷尚無大礙，但左臂則已在手腕處折斷，祇留少許皮肉相連。於是我蹲下，用右手托著折斷的左手，咬著牙忍著痛，這時幸一個士兵走過來，解下他的綁腿帶子，當作綁帶，替我包紮傷口。他並告訴我說李團長也腿部受傷不能行走了，司書鄒本侃腳部受傷，他們還躺在下面山溝裡。我隨他下去，見到李團長與鄒司書，還有照顧他的兩名士兵，大家都坐在一個淺石洞中。我與這位戰士也

擠過來，六個人擠一個小石洞，當然也就無法談什麼掩蔽了。

　　天色已暮，鬼子開始搜山，我們不得不將長短槍、手榴彈等火力集中，準備一拼。這時偽軍部隊也開過來，協助清理戰場。可能是偽軍大隊長梁俊逸已發現了我們，他便故意引導鬼子走向高地，避開我們，才幸免了這場拼死格殺的戰鬥。等到天黑了鬼子走了，梁俊逸也知道我們有人受傷，特別派來三付擔架，將我們秘密接到橋頭鎮，秘密的妥善安置而完全不讓鬼子知道。當時我與鄒本侃是被藏在一間房中，門外故意上鎖叫我們不要作聲，李團長則另藏他處，半夜時梁俊逸來看我，他沉痛的說：他會盡全力給我們治傷。這是偽軍中又一批身在曹營心在漢的好人。

　　天亮了，我頭發暈四肢發麻，左手腕傷仍然流血，濕透了下半身，算算已出血十八個小時了，但我還能支持著，這可真是一個奇蹟！

　　于渤海醫官也來了，他不講話，馬上給我洗傷口，做止血手術。過了幾天，我整個左臂也腫了起來，鄒本侃的腳也發炎了。于渤海與梁俊逸商議，必須將我送醫院治療，於是梁俊逸派人將我與鄒本侃冒充偽軍傷兵，先送橋頭醫院醫治，總算逃過了一劫。

民國三十一年四月一日王凱聲在與日軍作戰時左手腕中彈受傷，被偽軍梁俊逸救助，因失血十八個小時，生命垂危，乃冒偽軍送醫。

第十七章　窮死不投降　餓死不變節

冒充偽軍官　住院療傷
帶傷見學貞　抱頭痛哭
梁俊逸敢作敢當　不愧是條漢子
潘玉貞雪中送炭　情深意重

　　我在于家齊山區和日本鬼子交戰負傷的消息，很快就被學貞知道了，因為她在我負傷前一天就已被范晉熙派人接到了范晉熙的老家中和范大嫂同住，不過范晉熙並沒有在我負傷的消息在當天就告訴她，因為我的傷勢究竟如何，當時還說不準，直到五六天後，醫師診斷確定傷勢穩定了，才敢把消息告訴學貞。其實，偽軍橋頭醫院和范晉熙家只隔著一條馬路，就這一路之隔，可把我和學貞都急壞了，我這邊當然也在擔心她的安危，但在我知道他已被范晉熙接走，我就放心了。學貞那邊可才是真的急壞了，雖然范大嫂會不時安慰她，可是她總是每天覺得心神不安，好像預兆要有災難臨頭的樣子。

　　四月七日晚上，是梁俊逸大隊長（見次頁照片）的一位副官到醫院接我外出的，他還帶了一條偽軍的軍用大衣替我披上，跨過馬路，走進巷子不遠就到了范晉熙家，學貞一見到我，立即抱頭大哭，問我傷勢到底嚴不嚴重？我雖左腕纏滿紗布，走路也有點不穩，但仍強忍痛楚對她說，沒有關係，要她放心。

　　那天晚上，我就在范晉熙家裡住下了，梁俊逸的副官說，已經跟醫院說好了，明天中午回院沒有關係。

　　范俊熙在軍中沒有回來，范大嫂接待晚餐，還特別加了幾樣小菜，飯後范大嫂帶她的男孩睡覺去了，我與學貞共處一室，一邊流淚，一邊講述

梁俊逸先生照片

梁俊逸先生，威海橋頭鎮人，抗戰時任區長，日寇佔據橋頭後改編為偽自衛大隊第二中隊長，暗中支援抗日游擊隊。民國卅一年四月一日千家齊大戰，凱聲受傷藏於山中，蒙梁君於深夜搭救，偽裝為其隊上士兵送醫威海，正要以戰俘解交日本海軍司令部之際，又被偽軍攔截，正要以戰俘解交日本海軍司令部之際，又被梁兄奪回，梁他真正是一位身在敵偽志在報國的愛國志士。抗戰勝利後，他到青島投效青島保安大隊任分隊長，與共軍作戰曾一度負傷。民國卅八年隨政府撤退來台，在基隆經營漁業，曾與凱聲互通音訊，不幸已於民國六十八年病故，至堪惋惜。

危險經過。還記得那時，我身上竟然生滿了蝨子，學貞幾乎一夜未眠，就是為了給我抓蝨子。

天亮時，我回到醫院一同與鄒本侃乘坐偽軍大隊部的一輛汽車，由梁俊逸的副官攜帶公文開向威海衛。把我們送至威海衛公立醫院治療。不料，汽車行至中途，對面忽然駛來一輛裝甲車攔住去路，下來二人手持衝鋒槍，叫我與鄒本侃換坐他們的車去威海衛，在槍口威脅下，我們祇好任人擺佈了。到了威海衛，汽車並沒有駛去醫院，而是開到偽軍第一大隊部，我與鄒本侃未准進入室內，反而叫我們在圍牆內大操場一角蹲下。而且過來一個持槍的士兵看守，把我們當犯人看待。不久，又來了一人手持照相機，給我們二人分別拍照。當時，我們還懷疑是不是我們的身份暴露

了，鄒本侃還曾懷疑是梁俊逸在搞鬼，出賣了我們。

　　天黑了，突然又開進一輛汽車來，一看便認出還是早晨坐過的那一輛，車上跳下來一人，手持匣子槍的正是梁俊逸，另外還有十幾個持步槍的士兵，把偽軍第一大隊部包圍了。看守我們的士兵也被繳了械，我們還聽到梁俊逸在破口大罵，這時由辦公室出來一個軍官，舉著雙手表示投降之意，並且大聲說：「誤會！誤會！請梁大哥原諒！」

　　後來我們才知道我們被劫持這件事，是和梁俊逸同事的偽軍第一大隊王大隊長搞的鬼，因為他已經懷疑我們不是偽軍而是抗日游擊隊，他想指控梁俊逸包庇，所以把我和鄒本侃抓去拍照，用來作為指控梁俊逸的證據，沒想到梁俊逸得到消息，先發制火速趕來救人，致對方陰謀未能得逞。所以，當時在我眼中，梁俊逸真不愧為大丈夫敢作敢當。

　　我與鄒本侃被劫去，此刻又被奪回，到了公立醫院已經開過晚飯了。等到住進病房，我猛一抬頭，忽然看到一位醫師非常面熟，我忽然想起來，他不就是從前在我們游擊隊的前方醫院方院長嗎。原來他在廿九年大掃蕩時被俘，現在正擔任偽公立醫院外科主任。當時他向我使一個眼神，我也明白他的意思，便故意裝作不認識。他檢查了我傷勢以後，馬上給我輸血打點滴，要我好好休息。

　　第三天偽院長來巡視病房，他主張將我左手鋸掉，他說，因為已發炎了，不鋸惟恐會累及左臂，可是方醫師竭力反對，他認為可以保留。當時，也虧方主任的袒護，我左手之所到今還依然存在，應要感激方大夫當年的關愛。

　　民國三十一年四月十五日，住進醫院一個星期了，情緒也平靜下來了。那天上午，學貞突然來了，我非常高興，便要求醫院准許她留下來照顧我，醫院也准許了，從此以後，她便每天早晨就來，晚上住在醫院的一位老工友家中。經濟來源全要靠梁俊逸資助。學貞與醫院裡護士們也相處得很好，每天三餐就在醫院裡煮，就這樣過著在醫院治療的日子，倒也還算平靜，直到五月八日我傷處做開刀手術，由方醫師主持，將碎骨都取

出，消毒後再縫合。再經過二十天，我傷雖未癒，但因處境不安，所以就出院了。

為什麼處境不安呢？那是因為有一天于渤海來看我，說是梁俊逸託他做說客，勸說要我出院後去橋頭替他幫忙，因為他幹區長又兼偽軍保安第三大隊長，實在忙不過來，又無好幫手。他的副大隊長已調去海上緝查處，已經懸缺半個月了，實在沒有好幫手。

聽完于渤海的關說，我毫不猶豫立即斷然拒絕，並以堅定的語氣請他轉告梁俊逸，就說：絕不可能。

過了兩天，于渤海又來遊說，我立即舉手發誓，我說：「人各有志，我忠心報國，誓死永不變節。」

出院後，住威海衛青島街大華公寓，與梁俊逸的友情，從此冷淡下來。在這段時期，當年在黃莩山下遇險時救過我一命的叢樹林這時也來到了青島，他也來看我兩次，勸我不妨去見梁俊逸談一談，而且他還告訴我，好幾位在偽組織任職的朋友，包括范晉熙在內，他們當時對我不諒解，認為我太固執，而且對人有成見，但我對叢樹林說：「我十六歲就加入三民主義青年團，十八歲加入國民黨，這一輩子我『窮死不投靠，餓死不變節』」。從此，朋友們便漸漸疏遠了。梁俊逸在抗戰勝利後又投靠青島保安大隊任分隊長，聽說他也在民國卅八年來台了，只是我們沒有見面，後來在他去世後才聽人說起，我真懊悔沒有機會去向他面謝當年救命之恩，深感遺憾。

我與學貞住在公寓裡，廝守著不出門。不得已便以典當衣物維持生活，幾乎已到了山窮水盡的地步？有一天一摸口袋，祇有一角硬幣了，買來一塊玉米糕，學貞不肯吃，讓給我吃，我讓給她吃，推來推去，二人相對笑了，是苦笑！後來她堅持非叫我吃下去不可，命令式的，簡直急得要哭出來了，於是我只好聽話了。這時，她看到桌上一個裝補藥「哈立巴」小藥瓶，瓶中祇有兩粒，她用開水吞下去說：「這兩粒哈立巴，一天的營養就夠了。」境遇之苦，回憶起來令人心酸。

陳國文先生照片

陳國文先生字洪範瀋陽市人，生於民前七年農曆正月初八日，歿於民國七十一年二月四日，幼年習醫二十五歲投效海軍，譽為模範醫官。抗日戰起在威海衛開設洪範醫院，暗中支援抗日游擊部隊，余於魯東反掃蕩戰中負傷，受梁俊逸先生救助，冒名偽軍送威海衛公立醫院治療，被日本情報組探悉來院搜捕，幸得偽警局特務科長掩護送洪範醫院醫治，日本憲兵再來抓人，陳院長嚴詞怒斥日寇堅不交人，余得脫險返津。先生一生忠勇愛國，俠義風範感召四海，堪稱一代英豪也。

當時腕傷未癒，到公寓對面一家私人醫院，叫「洪範醫院」去治療，該院長陳國文（見上圖）瀋陽市人，早年跟隨沈鴻烈將軍，當過海軍醫官，威海衛淪陷前就退役開業了。我第一次去求醫，他就知道我的來歷，對我不收診費及藥費。讓我每天早晨從後門按鈴進來電療一小時。並告訴我李子峰團長也曾在他家中住一個月，是他替李團長傷治好到後方去了。陳院長對我不接受偽職一事，略有所聞，也甚表讚揚，問及我之生活情況，是否用錢？本想向他開口，又覺得每天給我免費醫療還不夠嗎？就硬說目前生活還過得去。

陳院長對我的恩德，我一直銘記在心，想不到四年以後，他不幸被共黨清算，逃至青島時，遇到了我，我曾想辦法幫他開設一所夠水準的天安

〔附錄〕陳國文先生行誼

東北耆宿陳國文先生，字洪範，號道君，瀋陽市人，清光緒卅一年，西曆一九〇五年，民國前七年乙己農曆正月初八日生。其尊翁星五公，母氏趙太夫人，鑑於日俄戰爭，東北同胞備受蹂躪，拳匪作亂，再遭荼炭，外患內憂，相繼頻仍，國家多難，民不聊生，既至民國肇造，清廷顛覆，星五公感以救國須先讀書，盡孝更須盡忠之觀念應為培育子女之方針，是以先生昆仲四人，均承庭訓之孕育，加以天賦之稟異，各有其成就。

先生居長，奉天（今遼寧省）小河燕醫學院畢業後，以醫官服務於海軍司令部，總司令沈公鴻烈及所屬池公仲夷均鍾愛而器重之，民國十八年（先生廿五歲）中蘇海戰於三江口之役，我海軍雖傳大捷，而傷亡自所難免，先生僅率醫護兵四名照料所有傷兵及作戰疲勞官兵之飲食、行宿、與醫護，由前線長途輾轉安全送至後方，先生有一門齒受傷脫落，即斯役之紀念也。其勇毅忠誠之事蹟，非但深獲長官之嘉獎，且亦傳遍軍中，譽為醫官模範。民國廿年任海軍第三艦隊軍醫養成所總隊長，協同所長池公仲夷，訓練海軍軍醫人才，極具成效，讀池公於七十八歲高齡時，以「五十年前中蘇海戰回憶」為題，追述往事（刊傳記文學第三十五卷第四期）曾以「陳國文現在高雄經營玫美齋大飯店，恐怕是我所認識的當年參戰戰友中碩果僅存的了。」一段，懷念故舊，亦可見先生當年之忠勇有感於長官之深也。

先生之三弟國政，參加抗日，於太行山戰役中殉國，四弟國治，亦於抗俄中捐軀，二弟國武則一身兼代兄弟盡孝之天職，定省晨昏，如此一門忠孝，宜乎紹箕裘而裕子孫。

先生於民國廿五年任山東保安司令部上校軍醫處長，轉戰山東泰安，臨沂等處，廿六年奉青島市長沈公鴻烈之命，率山東大專學生撤退至大後方，時任總隊總隊長。其時任職稅警團團長之黃公達雲曾派軍護送，安全抵達漢口、宜昌、萬縣等處，順利完成使命。廿九年奉戴雨農將軍之命，在山東威海衛市創設洪範醫院，以治小兒腹腫，遐邇聞名，經同業公推為醫師公會理事長，並任港區檢疫官，殊未知實為我地下工作人員之掩護聯絡站也。民國卅四年，威海衛棄守，遷至青島市，設立天安醫院，先生仍被推選為醫師公會理事長，並兼任裕孚銀號董事長，東北旅青同鄉會會長等職。當參政會主席莫柳忱先生至青島市為東北流亡學生募捐之際，先生登高一呼，不數日即募得金圓券一百六十萬元之多，時人感仰其關心學生，愛護桑梓之舉；因而博得「俠義」之盛名。

民國卅八年夏，大陸易手，先生由青島來台，時高雄市長劉鳳軒先生聞悉，函邀先生來高創設天安醫院，懸壺未久，活人無算，經同業推選為高市醫師公會理事。四十年與馮獨慎，岳世平諸鄉老謀成立高雄市東北十省三市同鄉會，先生繼岳老之後為同鄉會理事長者，已廿餘年矣，匡益同鄉良多，實為東北同鄉在台灣南部之魯設靈光，其他省籍人士，無不尊為鄉賢大老，禮遇有加焉。

醫院，以報他當年的免費治病的恩德。

　　家無隔宿之糧，當時可真是已經窮途末路了，沒想到有一天，學貞在公寓門口迎著我，笑著說：「看你這副愁眉苦臉的樣子，剛才有位潘小姐來找你，她昨天聽叢大哥說，我們把手飾衣服都典當光了，還寧願挨餓不

王凱聲（右）在戰爭中左腕負傷，在威海衛住院期間與醫院護理長（中），原為我戰區前方醫院護士，學貞來醫院照顧，此時又生枝節，有學生密秘募捐寄錢，被偽警局偵察，此時，學貞巧遇偽警局特務科長，陳太太住院戒除鴉片，見學貞文靜甚喜收為義女，有此關係又轉危為安。偽軍威防大隊長王鴻杰，勸王凱聲投偽出任副大隊長，但為王凱聲拒絕。

（民國卅一年四月十七日）

作官，笑我們傻瓜。她還送來一百元大鈔來，我等了很久，你不回來，我拒不接受，她硬把鈔票強塞在我口袋裡，還留個紙條，把她的地址告訴你，說以後有困難時就去找她。」

潘玉英，這個名字似乎很熟悉，想了一會，終於想起來了。原來她是我當年在向陽山打游擊時後方醫院中的一位護士，她思想開放，性情活潑，常到我辦公室來聊天，大家都是年輕人，有時候也一起唱唱歌，說說笑，記得她還曾說過她討厭做護士，寧願給我做勤務兵。那時，我每天早晨爬山，她常常自動來跟在後面，也爬到山頂，記得有一天，氣溫零下的寒冷，我不爬山，去溪中游泳，她也跟來了，到了溪邊，我脫衣一躍入水，向她揮手，叫她下水，她遲疑一會，只脫了一隻腳的鞋襪，伸入水中一試，立即凍得發抖，尖叫一聲，便把腳縮回，鞋襪穿上，一溜煙跑走了，說我是個怪人。這一切一切說明了，當年似乎也曾鍾情予我，可惜落花有意，流水無情，我便老老實實向她表明我「心」已屬遠在天津的人了。

第二天我與學貞去拜訪潘玉英，謝謝她的援助。我們按地址剛走到鯨園路，就巧遇到了她。她懷中抱著一個小女孩，原來她已經做媽媽了。她還當我面誇學貞漂亮，並告訴我們，她丈夫是生意人，生活過得很幸福。我內心非常感激這位愛國家愛同志的傻大姐，可是口中不知如何表達，只有謝謝之外還是謝謝了。

第十八章　愛國好男兒　紛紛成仁去

一年多戰地生活　喜怒哀樂雜陳
山區空氣新鮮　學貞病體不藥而癒
當年戰友　紛紛成仁取義
再度折返天津　仍圖東山再起

　　我和學貞從民國卅年十月初抵達山東文登營南游擊戰區，至民國卅一年三月下旬鬼子大軍掃蕩戰敗離散，兩人共同生活在一起的時間，雖然只有四百四十四天，但那卻是我們這一生中永難忘記的四百四十四天，因為共同經歷了人生中的喜怒哀樂，喜的是，就在抵達文登不久，就迎接劉公島大捷的到來，游擊區人人興奮，學貞更是高興得不得了，在我們這些愛國青年心中，有什麼事情能比痛殺日本鬼子這件更值得高興的呢？怒的是，日本鬼子的確是殘暴無比，文登營南之戰，日寇清鄉掃蕩手段殘酷無比，令人髮指。哀的是大軍又一次潰敗，不僅是我手腕負傷，眼見眾多游擊戰士在炮火中陣亡，那些倒下去的弟兄，都是我們親如手足的弟兄啊！而唯一使我們二人感到高興的是，學貞的身體，竟然在經歷這一年多堅忍不拔的磨鍊，原來感染的肺病，經過山區新鮮空氣的不斷清洗，竟然不藥而癒。人生歷程中總是有得有失，而有失亦必能有所得，所謂天道好還，可能就是這個道理吧。

　　就在我潛伏於威海衛這段時期，國軍留守膠東地區的敵後特派員孫智一特別代中央前來慰問我，同時也告訴我說，鄭維屏司令已被調重慶任職，當時號召殘餘部隊繼續作戰的是混成旅旅長王仁心和特二隊長袁學謹，他們二人我都認識，不過我知道王仁心這個人雖然作戰饒勇，愛打硬仗，但有勇無謀，據說，他在那次遭遇戰中，已經中彈受了重傷，但仍躺

在山坡上偽裝已死，而在一批日本鬼子接近他身邊時，他立即手握快慢機手槍，狠狠連發三梭子彈，把來敵全部殲滅後，才在高呼「蔣委員長萬歲，中華民國萬萬歲」後舉槍自戕成仁。真不失為一條漢子。

孫智一特派員來威海衛看我時，告訴我王仁心壯烈成仁的消息時，我與學貞還和他及他同事的老戰友張吉元兄弟等為王仁心秘密舉行了一個追悼儀式，聊表心意。

王凱聲在戰爭中受傷住院，鄭司令特派孫智一(後右)及張吉元前來威海慰問時，與學貞合影。

據說，自從王仁心去世後，還有一位袁學謹弟兄，也還在威海衛一帶活動，也時常偷襲日本鬼子，但人數不多。其他的殘餘部隊，因為群龍無首，自然也就不成氣候了。孫智一來看望我時，希望我能出來號召一下看能不能重整旗鼓，對於這樣神聖的救亡工作，我也覺應該是義不容辭。但就在我們密謀籌劃

時，為我療傷的洪範醫院陳院長忽然通知我，說最近這幾天風聲很緊，要我謹慎小心，他說：「昨晚上有一批自稱抗日敢死隊的游擊部隊，他們將天津街一家鴉片館洗劫一空，還把擔任偽商會會長的店東打死，日本憲兵及漢奸們，也在大批出動搜捕抗日份子，這幾天你先別出門，要避一避。」

那幾天的確人心惶惶，街上也很冷清，連威海衛的唯一交通工具「馬車」都不見行駛了。據傳說；袁學謹被捕後，關在日本憲兵隊樓上，他拆下一隻鐵窗，用棉被包著身體，跳到馬棚上逃走了，惱怒了日本特務頭子，於是亂抓無辜，學生、教員、馬車伕、小販一百餘人，關在環翠樓的山洞裡。

洪範醫院也來了日本憲兵，叫陳院長交出兩名受傷的游擊隊，並派兩名漢奸在醫院內留守，但因陳院長與當時威海地區的日本海軍司令「菊池」頗有私交，他到海軍司令部，面見司令，才將留守的漢奸趕走了。

當時的威海，如想要號召人馬，重整殘餘，可能必須與偽軍搭線，重走「互相依存」之路，才能建立據點。但是因我正受傷，是假冒偽軍就醫留藏，最近王仁心的犧牲，袁學謹的被捕，日本憲兵又迫陳院長交人。從這幾件事件來研判，偽軍內部可能潛伏著共諜，與城區地下共諜，及田野偽裝農民的共諜，他們聯合作戰，已有成效，「抗日救國」是口號，目標是「撤底搞垮國民黨部隊」。他們不斷的供給日本情報，借刀殺人，殘害忠良，爭奪據點。因此偽軍梁俊逸的處境很危險，我的處境更危險。加以那時學貞已懷有身孕，因此，我與學貞的共同決定是返回天津去，這時正好有一位在偽軍擔任排長的天津同鄉，他送來二百元，於是我就趕快買了去煙台的船票，付清了公寓的房租，至中午登上輪船。在通艙裡我看到了孫智一也在船上，但我們照面沒有講話。

那天本來預定下午一時開船，但因為要等偽警局及日本憲兵來檢查，等至下午三時才來檢查，男女旅客都站在舺板上排隊，一個個的搜查與盤問，我講話天津口音佔了便宜，因為此地當漢奸的中上階層，大部份是東

北人或天津人。檢查了約半小時，鬼子及漢奸們乘汽艇而去，大家這才鬆了一口氣。

　　但就在鳴笛即將開船時，遠處又開來一隻灰色警艇，拉著短笛，一人打著旗語，警告輪船不准開航，警艇靠上輪船後，上來的是日本特務及漢奸，手持長短槍如臨大敵，叫旅客們到舯板上來集合，不久，我們看到漢奸已從艙底將孫智一綁了上來，其餘的人也就不檢查了。

　　旅客排列兩旁默默不語，孫智一經過我面前時，我不禁為之肅而起敬，這位愛國壯士仰頭挺胸，正氣凜然，毫無懼色，就此慷慨赴義去了。

　　輪船慢慢的開動了，我與學貞眺望著威海衛，懷著沉重的心情相對無言，揮揮手又一次向這多難的威海衛告別。

民國三十二年三月王凱聲被日本黑龍會組織鮑蕾公館逮捕入獄四十八天獲釋，在天津聯昌公司外留影。

第十九章　勝利露曙光　天色將黎明

二次世界大戰　局勢全面扭轉
偽軍投機份子　紛紛拉攏關係
我雖一度被捕　不久即獲釋放
學貞分娩　喜獲麟兒　取名明生
設工廠　資助抗日份子家屬

　　我第二次由游擊區返回天津時間是民國卅一年七月中，這個時期正巧是二次世界大戰戰局發生重大變化的轉捩點。先是艾森豪將軍率領美軍在法國諾曼地登，協同英法聯軍重挫德軍，接著是日本南雲大將率領的無敵艦隊在東太平洋全軍覆沒，隨後美國麥克阿瑟上將率美軍在西太平洋反攻日軍，跳島戰術使用得出神入化，重挫日軍士氣。中國方面，自李宗仁將軍指揮的桂系軍隊創造台兒莊大捷以及兩次長沙大捷以後，國軍士氣已由谷底翻身，在全國各地不斷創造輝煌戰果，再加上共產黨人民解放軍聲勢也日益壯大，散佈在中國戰場上的數十萬日軍已由絕對優勢而轉陷於泥沼，無法靈活作戰而轉居劣勢，可以說對日戰爭的勝利已露曙光，眼見天色即將黎明。

　　當時依附在日本人庇護之下的很多敵偽組織官員，乃至於偽軍將領信心多已動搖，幾乎人人都在找尋投機之路，希望能秘密拉攏抗日份子，想與中央政府搭上關係，為自己的前途先行鋪路，所以我回到天津以後所面臨的環境，已沒有兩年前那種隨時可能被捕的危險，反而是有一些敵偽政府的投機份子，還不時透過一些與我們地下工作有連繫管道的雙面人，想約我見面，甚至為我安排敵偽政府重要為餌，想讓我和他們一起躺入渾

民國卅二年王凱聲與學貞赴青島主持聯昌公司青島分公司，並以各種方式資助抗日活動。

水，可是，每一次見面，都被我嚴詞拒絕，我的答覆很簡單，我絕對不會接受偽職，祇要保障自己安全。只要他們能承諾做到，將來等到天亮以後，我也會儘量為他們洗脫污點。

而也就在這樣的默契中，我在天津這兩三年時間裡，雖然也曾一度被捕，但並未遇到危險，而那次被捕的原因，也並不是我地下工作的身份暴露，而是受了當地一個黑社會組織叫新民會的連累。

還記得是在民國卅二年二月廿一日，我在天津西馬路偽新民會遭逮

捕，關進看守所第一天，看守所長就給我加菜，還帶來一壺高粱酒，進入牢房時一臉笑容，我很鎮靜的問他：「帶酒菜來有什麼用意？」

他說：「請不要誤會，祇是我個人表示的一點敬意。」他自我介紹說，他是新來的所長于宏德。接著又告訴我說：「就在幾天以前，日本城址憲兵隊曾有寄押一名游擊司令陸少峰到我們看守所，沒想我們前任看守所所長不但沒有關他，還在日本憲兵走後，竟帶了十幾名警察，都跟他一齊跑了。」

他與我邊喝邊聊，由此可見天快亮了，因他表示要為我效勞，做盡他能力所及的事。

民國三十二年長子王明生出生時的嬰兒照，當年學貞歷經槍林彈雨逃離威海衛，潛返天津分娩。

因此我每天吃的是有魚有肉的牢飯，而且于所長早晚都來請安。見他表現很真誠，於是利用他送信給我的朋友，經我的朋友王毅活動鮑蕾公館（日本黑龍會組織）提審，我的朋友還為我找個保人，所以我只被關了四十天，四月二日被釋放了。

就在我出獄不久，學貞分娩，生的是個男孩，我也感到天快要亮了，為了迎接勝利的來臨，所以就取名「明生」。他是出生於民國三十二年農

曆四月初七日，出生地是天津市新河北大街胡家胡同七號。

我在天津安心住下，並投資成立了一所化學工廠，出品萬花香皂。另外還成立一所草帽工廠，所有盈利都用以資助抗戰時期隨軍去大後方，或在各戰區抗日將領留於平津的眷屬，如鄭維屏司令眷屬及其女兒全家，我記得當年有一位叫

民國三十五年祖母抱勝生，站立者為學貞與明生。

民國三十六年三月王凱聲、學貞、明生、勝生合影於青島市

朱延光的抗日份子，來台後曾經擔任過交通部路政司長，因我曾多次資助他母親生活費用，直到抗戰勝利。他曾多次來台中向我致謝，我向他表示，這是我們這些共赴國難的人所應該做的事，「何須言謝」。

第二十章 抗戰勝利了 舉國齊歡騰

多年地下身份 終可公開露面
內戰接踵而來 苦難百姓何辜
南下迎接鄭司令擦肩而過
意外遇老同學 允諾代運鈔票
老人能使障眼法 不信又不能不相信

　　民國三十四年八月十五日，日本宣佈無條件投降，八年抗戰，終獲最後勝利，軍民同慶，薄海歡騰，我們這些在天津的地下工作人員終於可以公開露面了。但是，我們也從不向人炫耀自己，只是自己知道自己曾經在抗日戰爭中和日本鬼子週旋出過力、流過汗、也流過血，頂天立地，愛國從不後人，一生俯仰無愧。和我一起在抗日戰爭中同生死共患難的學貞，聽到日本鬼子投降的消息時，曾經緊緊的擁抱我說「凱聲，我們終於勝利了。」言下之意是，今後我們可以一家團聚享受免於擔驚受怕的快樂生活了。可是，誰也沒有料到，對日抗戰雖已結束，但國共鬥爭卻並沒有因為抗戰勝利而結束，反而是變本加厲，老百姓受苦受難日子，依然是一波一波接踵而來！

　　就在國民政府九月三日正式舉行受降典禮，接受日本天皇正式遞送無條件投降文件的前一天，我們在天津的一些當年一起到山東打游擊的老戰友，打聽到了鄭維屏司令已經到了徐州的消息，大家一致公推我去徐州去迎接鄭司令返津，我也義無反顧的欣然接受了此一任務，想不到的是，此次徐州之行，又發生了許多幾件意外，神奇的事故也不妨在此略記一筆。

　　第一件事是，當我九月二日離開天津赴濟南轉赴徐州迎接鄭維屏將

軍。由於鐵路大都已被共軍破壞，我被困在滕縣五天，後來還是由滕縣步行才到了徐州，等我到達徐州時，鄭維屏司令已隨孫連仲將軍飛往北平，根本沒有接到鄭司令。

第二件事是，我在徐州一家小旅社中，巧遇到廿八年朱吳幹校的同學楊元忠，結業後他去了重慶，現在他擔任收復地區的宣撫工作，他的同志們第一批已於十天前到了濟南。當時津浦鐵路還暢通，後來忽然被八路軍破壞全線不通了，而他又臨時接命令要他前往上海，而且由於情況非常緊急，要他明天就要南下，他正愁無法分身，見到我以後喜出望外，因為他帶有十九萬元的法幣與關金須趕快交與先前到達濟南的同志，他認為我是可靠的合適人選，於是就將麵粉袋裝的一袋鈔票託交給我，並勸我以後最好就留在濟南工作，不必去天津了。

受人之託，忠人之事，我又由徐州步行折返濟南，一路隨著難民人潮，沿著已破碎零亂的津浦鐵路，冒著國共內戰，偽共之戰的砲火危險。（當時偽軍吳化文部隊尚未投共）要經過利國鐸、滕縣、滋陽、泰安，全程四百餘公里，百分之七十都是共軍佔據地區，十幾天的行程真是苦不堪言。

到了利國鐸這段是真空地帶，沒有遇到共軍或偽軍，但在路邊吃東西時遇見一位跛足老人走過來，這時這間小吃店的三條長凳都坐滿了人，於是我就起身讓位給老人坐，也順便請他吃了一碗拉麵，我就站在他身邊一邊吃麵，一邊閒聊，我問他去那裡？他回我說：「北風吹，水上行。」

我一想北風是向南吹，津浦線上的地名有「濟南」是大站也是山東省會之地。至於「水上行」三字，我百思不解，後來到了濟南才發現這也是一個滿佈地下水的城市。

出了小吃店，我僱了一輛人力推動的獨輪車，一邊載著我的行李及一袋鈔票，一邊請這位老人乘坐，使他不受跋涉之苦，我徒手跟在後面行走，也可免受肩負行李之苦。

頭一天進入了偽軍控制地區，晚上住店，房間都塞滿了人，院中鋪的

幾張蓆子，也擠滿了人，大家祇能曲著腿躺下休息。大約八點鐘的時候，來了一群士兵，叫大家坐起來不許動，一排一排點名式的搜查，前後門口都把守著持長槍的士兵，一個也漏不掉。有人在褲帶中藏著小金塊，都被搜出來，連人帶走。想到我這一袋子鈔票，怎能逃避了他們的眼睛，於是我靈機一動，便把袋子推在老人身邊，這時老人正盤腿閉目打坐，一絲不動，很像塑造的一尊神像。

隨後我又想了一個金蟬脫殼的辦法，站起來手捧著肚子，對檢查的士兵說：「我肚子很痛，先檢查我好不好，我要去廁所。」

於是我被叫過去搜了身，我手中提的一隻帆布袋子，也翻了翻，看看沒有什麼貴重的東西，便叫我快去廁所。我在廁所蹲了約十幾分鐘，出來後看到他們已在檢查老人身後的一個人，而那位老人家仍在閉目打坐，兩個士兵並沒有檢查老人，就去檢查別人了，他們不但沒有打擾老人靜坐，就連老人身邊的行李，以及我藏在他身邊那一袋鈔票，也好像沒有看到。經過一個多小時的檢查，連女人褲帶裡藏的小金塊都搜出來，祇有老人與他的行李，和放在他身邊的我那一袋鈔票未受干擾，真是邀天之幸！

從此以後，一路上無論是住店或路途上經過的關卡，我都請這位老人將我的一袋鈔票，毫無掩避的帶過去。有時當人潮行進中忽然慢了下來，我就知道前面一定有檢查哨或檢查站了，這時路人必須排成單行，一人接連一人的魚貫而過，誰也不敢吭聲，靜候盤問與搜查，遇此情況我就排在老人前面間隔幾十幾人，等到車夫推著老人及我那一袋鈔票經過檢查的位置時，我已受檢完畢，遠遠望著，萬一如果鈔票被發現，我就躲在人群中不承認是物主。失財無關，保命重要。但僥倖的是每次都順利通過，這奇妙的事也是極真實的事。那老人與車子、車夫車上還有行李及一大袋鈔票，這麼大的物體，偽軍或共軍的官兵與士兵們許多的眼睛下難道都看不見麼？我幼時小時候曾經聽說仙人會使用「障眼法」，難道是這位老人真的會使障眼法麼，我不太相信，但又不能不相信。

一路上老人的食宿，都由我來照顧，不論上路或休息，除了飲食時間

外，大部份時間他都打坐，不與我講話，我找機會與他談話，他祇有閉目輕微點頭而已。我想到了濟南再問及他的姓氏與住址，決定先與他交個朋友，慢慢的瞭解他究竟是「人」還是「仙」，但是到濟南城外，他老人家轉眼間就消失蹤影了，這段經歷使我一生難忘。

第三件事是，到了濟南將一袋鈔票和楊元忠的信，交與中央宣傳部的卜先生，卜先生知道了我的身份，也相信我為人值得信任，於是他們便決定把剛剛接收了三家日本映畫館也就是電影院，完全委託我經營，我一時也不好推辭。何況當各線鐵路均遭共軍破壞，走又走不得，便祇好暫時幹起電影院經理來了。我把三家電影院更名為大中、大華、大明電影院。我經營這三家電影院時，訂下兩項規定，第一是開演前觀眾要先起立唱國歌。第二，日本影片不准上演。更不准說日語，而幾部國語老片都輪過了，由於片源便成了問題，這時我想到了二次大戰時被日本查封的幾十部美國片都在青島，於是我在膠濟路修復第一天通車時，我就到了青島，向青島市政府文化處長張樂古租到十部美國片，並立即交鐵路貨運到濟南，這才解決了片源不足的問題。

甲午戰爭割讓台灣、澎湖，民國三十四年八月十五日八年抗戰勝利光復台灣，打敗日本侵略，台灣重回祖國懷抱。

第廿一章 戰後返青島 除奸兼肅貪

接家書次子出生 命名「勝生」
查封漢奸財產 臨財不苟
認識張喜田 結交數十年
再調勵志社 諜戰中共和談代表
破案獲獎金 全部被泡湯

　　我在濟南臨時接收電影院，並擔任經理，時間並不長，但就在此期間，接獲學貞家書，告知次子已於農曆十月十二日出生，由於是在抗戰勝利年出生，因此我回信學貞，告訴她決定為次子取名「勝生」。

　　就在勝生出生不久，我又奉命調到青島市肅奸委員會擔任肅奸工作，同時也辭去電影院經理職務，當時的肅奸委員會沒有正式編制，我們都寄缺於青島市警察局第六科，當時，第六科還有一位年輕的股長叫孫珠一，他也是抗戰時期和我一起從事地下工作，而現在又成了一起擔任肅奸工作的老戰友。當時肅奸委員的負責人梁若節少將，也是保密局派來的，工作主要是逮捕當年投靠日本鬼子為虎作倀的漢奸，並查封漢奸財產。這是一個臨時成立的機構，還有一位一起工作的年輕同志叫張喜田，記得我奉命於二月一日上午九時報到時，我自認年輕提早半小時便到報到地點報到，不料還有比我早到的一位年輕軍官，看來大約祇有二十歲，他比我還早，已經端坐在大廳，我進門時，他即起立敬了一個禮，我還禮後彼此交談，才知道他原來是陸軍十二師派來的少尉排長，以後我便與同編在一組工作，這個小伙子後來還和我結為金蘭之交，大陸撤退後也隨工作單作一起撤來台灣，來台後我們經常碰面，共話當年，都有無限感慨。

　　一個月的肅奸工作結束後，我們又被派在行政院救濟總署青島分署，接待中共人員派來接運美援救濟物資工作，並監視他們的行動。我也是與張喜田在一起，這個時候學貞也帶著兩個兒子來青島居住，我又有個家了，連張喜田食住問題也一齊解決了，我們如同一家人。

　　這時也正是值國共和談在北平舉行時，由於山東地區軍調會三人小組住在勵志社，我與張喜田又奉命調回勵志社工作。

　　這段時期的工作很辛苦，因為要不分晝夜與中共人員接觸，中共當局當時派到我政府地區的工作人員，都是精挑細選的共黨的份子。偽山東省主委「姚仲明」，是他們山東小組領導人，他很精明，在我與他接觸不久，他就識破我是「國特」。一度曾派他的女秘書「向雯」來挑逗我，迷惑利誘我為他們工作，於是我便將計就計。有一天，向雯要回共區膠縣去，她要帶一台打字機，還有蠟紙、油墨等，恐怕我方關卡查

學貞民國三十七年十月攝於青島海濱公園照

扣，便託我送她一程，我先向上級報備，送她到達目的地。此舉主要為了要換取了姚的信心。後來他們的潛伏份子，購買了一個印刷廠的機器設備，特地要派兩隻大帆船來接運，請我設法掩護船，我也答允了。

經過十幾天的計劃、佈署與連絡，那天，兩艘大帆船，從青島對面的紅石崖共區駛來，揚帆三小時，就到了青島西海岸，共幹在黑夜裡搶灘裝船，等到帆船到達我指定的地點，也就是藏印刷機器的地點，經過我以手電筒燈號連

民國三十八年元月王凱聲全家於青島市

絡對方的燈號後，船上跳下來一名共幹說明來意，我要帶他看機器，他說不必了，因為白天他已看過了，可見得我政府地區，共幹可以往來自由。這時，我發現隨搬運工人一同下船的還有幾名手持衝鋒槍的共黨武裝人員，顯見他們早就埋伏在兩側，這件事使我大感驚訝，因為關於接運之事，我曾向姚仲明表示是由我負責掩護，不得有中共武裝進入我政府地區，他也曾滿口答應不帶一槍一彈，結果他的承諾原來如此。此事因為我已先報備，在陸地上不會出事，不過我很擔心由警局股長孫珠一率領的一

小隊警艇，正在附近的海面上巡邏，準
備攔截，到時候避免不了發生槍戰。

幸而不到一小時，大小一百廿三件
木箱都上了船，埋伏的武裝人員最後登
船，揚帆而去。於是我便以萬分火急以
電話通知太平角燈塔，以燈語通知孫珠
一：「帆船啟航，有武裝。」

孫珠一不愧為抗戰時期間諜戰的高
手，足智應變，他立即以擴音器喊話：
「海上實彈演習，禁止航行，請下錨等
候放行。」最後終於在海軍支援下完成
查扣任務。次日移送警備總部偵訊，才
知道印刷機器的賣主是青島一家報社社
長，此案還涉一政府要員的女兒。至於
此事後來如何結案，我就不知道了。

孫珠一諜戰高手

這件案子，我雖獲得一筆破案獎金，當時物價一日三漲，我用這筆獎
金買了十大桶煤油（每桶二〇〇公升），借給我的同鄉邇輝之兄開設的一
家進出口商，不到一個月這家商行就倒閉了。這筆靠薪水十年也賺不回的
錢也就隨之泡湯了。不過，金錢是身外之物，我當時祇是心裡難過一陣子
也就算啦。

這裡我要特別介紹一下和我一起在青島做地下工作的孫珠一，他在抗
戰前即任山東省第七區保安司令部參謀，我知其係保密局魯東工作單位的
一員，藉以掩護其身份，從事地下工作，與敵寇對抗，卅四年間，被人出
賣遭敵特務機關逮捕，倍受痛打灌水等酷刑，終因未搜得證據，於日本投
降前不久獲釋，勝利後即任青島市警局調查股長，偵緝隊附、煙台復員後
任煙台警局市南分局長，大陸轉進亦輾轉來台住基隆從事社團工作。右上
係是孫珠一在青島任職時的照片。

　　不久，國共和談，在北平舉行，軍調會三人小組，是由美軍一人、國軍一人、共軍一人共同組成。所謂一人是指最高階層的代表人，如美軍是「馬歇爾」將軍，在三人小組之下，各地區有各地區的小組，也分別在各地區開會，青島小組的和談會議是在青島勵志社舉行，於是我又被派充當內部茶房領班，監視中共人員，張喜田則充當在外圍跟蹤他們的行動。共軍代表團八人，想不到參加那次會議的八人代表團又是姚仲明為首，國軍代表團十二人，美軍代表團五人，一起都住在勵志社，每天上午九時至十一時開會，討論停火、換俘、救濟等問題，下午休會自由活動。共軍代表八人中有五人是熟面孔，還是在救濟總署接連美援物質的那批共幹，恐怕姚仲明認識我，因此對上級表示過我在此地工作不適合，上級也同意另外派人來，但在接替的人還未來之前，由於共幹住三樓一層，我便處處躲著他們，連二樓也不去，不料有一天姚仲明送一簍榨菜下樓給大家吃，正巧在餐廳碰上我，他當時握著我的手對我哈哈大笑，對於上次買印刷機之事栽到我手上似乎毫不介意，他表示祇是損失一筆錢而已，工作同志都回去了，沒有什麼關係，反而是我感覺有些尷尬，幾乎無言以對。姚仲明在大陸淪陷後，聽說曾出任駐緬甸大使，很走紅一陣子。

 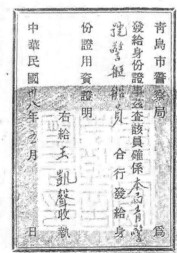

青島撤退，民國三十八年六月二日王凱聲攜全家乘「天運輪」來台，並擔任天運輪上的事務長。

第廿二章 忠孝難兩全 返津侍二老

任務危險性高 學貞提心吊膽
忠孝難兩全 辭警職返津營商
經營煤礦事業 一再突破難關
三子出生 取名富生
臨財不苟 希兒孫緊記勿忘

在青島警察局擔任除奸肅貪工作期間，由於危險性非常高，生活也不正當，每次完成任務回家的時間也拿不準，害得學貞每天都在家過著提心吊膽的日子，我每天看到她愁眉深鎖，心中也感到非常不安。有一天夜深人靜，等兩個孩子都睡了以後，她掛著滿臉淚痕對我說：「你是個鐵錚錚的漢子，大丈夫為國盡忠，為所當為，我不會怪你，但是你有沒有替我們家裡兩位老人家想想呢？」

那時候我的母親和學貞母親兩位老人家都還住在天津，學貞母親是在我和學貞結婚以後就搬來和我母親同住的。

學貞說：「以前，我和兩個兒子在天津和兩位老人家住在一起的時候，因為有兩個小孩子逗逗老人家，所以還會看到兩位老人家臉上經常會掛著笑容，可是，最近她前後兩次返回天津探望兩位老人家時，發現她們臉上的笑容幾乎已經完全不見了，反而是房間裡經常可以聽到兩位老人家的嘆息聲，而且聽起似乎是那樣的沉重，你知道是什麼原因嗎？」

學貞又說：「古人的確是說過：『大丈夫忠孝不能兩全』，但是，真的是盡忠就不能盡孝嗎？」這些年來，你參加游擊隊打日本鬼子，做地下工作除奸肅貪，在忠字方面你對國家的貢獻，可以說是已經盡了心力了，

難道還要永遠冒險犯難繼續把性命置之度外，讓我們這一家老老小小永遠跟著你過一輩子提心吊膽的日子嗎？」學貞的話，句句都是肺腑之言，把我也說得眼淚直淌。那一夜，我們夫婦都徹夜未眠。

人生的確是忠孝不能兩全嗎？這個問題，我反覆詢問自己，大丈夫處世若不能忠心報國愧對祖先，但若不能對父母盡孝，又何嘗不是愧對祖先呢？目前的情況是，不僅兩位長輩在日夜為我提心吊膽，我一生最鍾愛的情侶學貞又何嘗不是在為我日夜提心吊膽呢？只是她表面故作從容，背地裡不知流過多少淚呢！想到這裡，我突然覺悟了，學貞是我生命中最重要的伴侶，我不能辜負她對我的愛，我寧可受我的長官責備，乃至於同志們的誤會，我也不能辜負學貞對我的愛！

於是，我和學貞商量決定，立即辭去警職，返回天津。至於以後生活如何安排，返回天津後再作決定。我把我的想法告訴學貞，立刻便在她臉上看到了像鮮花盛開一股美麗的笑容。

辭去警職，攜眷回津，即不久我就在天津聯昌興業公司謀得一份工作。

當時青島因膠濟鐵路不通，發生燃料恐慌，中紡公司停工了三個紗廠，老百姓家家炊飯也成了問題，民間流傳著一句話說：「鍋下的比鍋上的還貴」。但是河北省唐山產煤區卻又生產過剩，因而煤價大跌，一兩黃金可以買到十噸煤，而把煤運到青島，一噸煤就值二兩黃金。我認為做這樣的生意，是利國利民又利己，不過要把唐山的煤運到青島，有兩大難關必須突破，第一是華北生產的煤當時受北平行轅的管制，不准外運。第二是鐵路不通無法運輸，海路運輸則又一船難求。

為了解決困難，我與聯昌公司唐經理赴天津、青島、北平、南京等地，前後奔馳了三個月才逐漸有了眉目。

第一關最難打通的是「輸出許可證」問題，自從北平行轅管制煤礦後，當時尚無一家民營企業獲准可，當時北平行轅主任李宗仁，正在南京出席行憲國民大會，競選副總統，在聯昌公司董事中有幾位是東北籍的國

大代表，於是趁李宗仁拉票的機會，唐經理聯合了十二位國代，要對李宗仁提出開放煤礦的請求，最終於批准了五萬五千公噸大同無煙塊煤。但是全國各線鐵路均遭共軍破壞，山西大同煤礦的煤，神仙也運不出來。唐經理說：「有錢能買鬼推磨，等到辦出口時再說吧！」

第二是運輸問題，這一關由我來負責，由於當時任職天津招商局的幾位主管，是敵後工作同志轉業的。我找他們幫忙租到了「長城」「萬里」兩艘貨輪，每批可運煤五千公噸，再代租長記輪船公司一艘「亨春」三艘貨輪就夠用了。

可是當我以大同煤的輸出許可證，換裝唐山煤出口，向「華北燃料管理委員會」出申請，我與唐經理跑了十幾天竟毫無頭緒，不知該會已經奉令於六月一日撤銷，五月卅一日那天，我與唐經理同往日一樣，於中午十二時到該會李主任委員辦公室，邀他出來吃午餐，一上樓見一工友掃地，大小辦公室都空無一人，工友說：「明天停止辦公，今天提前下班了」。問及李主任委員，他說：「他家住北平，剛剛去火車站搭車回家了」。我與唐經理連忙跑著下樓，坐上出租小轎車追向火車站，大雨中催促司機開快車，到了車站直衝進去，這時剪票口小柵門已經關了，我連忙翻身跳過去，唐經理也跟著跳進去，這時火車已慢慢蠢動，唐經理一眼看到車窗口向外伸頭望的李主任委員，急急喊他向他招手，他明白唐的意思，便立即轉身跳下車來，一隻手提著小公事包，連行李還在車上也忘記拿了。我們一同回到辦公室，這時候工友還未走，打字小姐都已經回家了，請工友找她回來，打了公文蓋上大印，公文弄好以後，我們還特別請他們到大飯店大餐一頓以表謝意。

民國卅七年六、七月我為了運銷之事，奔馳於天津、青島間，第一批一千五百公噸售與中國紡織公司青島分公司，以燃煤一公噸換取棉布三・三匹，運到三批共有五千公噸，盈利約合美金二十五萬元。除與中紡公司合約外，售與民間的三千公噸煤，適逢幣制改革為金元券，以每公噸批發價二百元賣給煤商，賣給售商的價錢在三百元以上，彼此互惠皆大歡喜。

　　這是民國卅七年農曆年前的事，過了農曆不久，學貞又生了我們的第三個兒子，這時正好財源廣進，於是我們便替他取名「富生」。

　　我在聯昌煤礦公司營商時期，是我偕同學貞向母親和岳母朝夕請安最多的時期，同時也是二老臉上笑容最多的一段時期，可惜好景不常，原因是時局又有了重大的變化，東北四平街失守，國軍潰敗。整個東北九省全部淪陷，關外共軍擁進山海關內，平津情勢岌岌可危，因而我們全家老小就不得不又要逃亡他鄉了。

　　就在這段時期，有一件臨財不苟的小事，也不妨在此追記一筆。

　　原來當華北局勢漸緊之時，調我去青島負責青島分公司業務，行前我曾向公司建議，不妨將大部份資金先行調往台灣或香港，不料此時，公司董事會中，已有半數董事投共，因而等我到了青島，他們不僅沒有接受我的意見，反而要我將青島分公司資金全部調回天津，當時，如果我有小人之心，大可以拒絕調回或私自吞沒，但是，君子不取不義之財，我記得我父親當年代管一家叫同泰公的產業，也曾發生類似情形，結果他老人家臨財不苟，將財產全部移交，小時候常聽父親說起這件事，我們也曾引以為榮，所以這次我完全遵照總公司決定，把青島分公司的資金全部調回總公司，而後才清清白白拂袖離開。這件事多年後我也向我的兒孫提起過，告誡他們將來在事業上發展也一定要有乃祖乃父臨財不苟的風範。

民國三十三年王凱聲廿五歲返津任職聯昌公司於明生週歲時合影。

第廿三章 大陸風雲變 渡海來台灣

四平街失守 傅作義坐困愁城
徐蚌會戰之敗 敗於圍點打援戰術
中共四十萬大軍渡江 上海淪陷
國軍士氣瓦解 大陸全面棄守
全家擠乘小輪船 航抵台灣寶島

　　民國卅七年，國共內戰逐漸進入決定性階段，而東北四平街會戰，和蘇魯皖地區的徐蚌會戰，更是對國軍致命性打擊的兩大戰役。

　　四平街位於東北遼寧，是由東北進關要衝的軍事重地，當時國軍東北行轅主任鄭洞國、負責保衛四平街的軍長陳長捷，共產黨省四野戰軍司令林彪，全都是黃埔軍校畢業，而且鄭、陳當時都是蔣委員長所倚重的愛將。國民政府的命令是誓死守住四平街，共產黨軍隊的目標則是非要拿下四平街，才能打通入關通路。雙方軍歷經十多天的激烈戰鬥，國軍終於不敵，四平街失守消息傳出，舉國皆為之震驚，而共軍則士氣大振。隨後林彪的第四野戰軍大軍入關，配合原在華北北區由賀龍和彭德懷所統率的兩個野戰軍，立即對北平天津形成合圍之勢，國民政府北平行轅主任傅作義自此便只有坐困危城了。

　　在此期間，國軍政府曾先後六度派代表團和共產黨代表在北平舉行和談，但均以破裂收場，最後結果，坐困城中的傅作義便只有開城投降，別無他途了。

　　至於徐蚌會戰，那更對於國民政府軍隊致命性打擊的一場戰爭。徐州位於江蘇省西北部，北連山東，西鄰河南，南近安徽，自古以來，這個地

區一向就是兵家必爭之要，歷史上楚漢相爭，劉邦項羽大戰彭城，彭城就徐州的古代名稱。

至於當時國內新聞報導之所以都把這場大戰稱之徐蚌會戰的原因，那是因為國軍五十萬大軍非全部都駐在徐州，很多都是駐守在徐州以南安徽北部的蚌埠，此外，由徐州向東直至海州的隴海鐵路沿線，向西至河南汝城的沿線城市，以及向北接近山東的一些城市，也都有國軍駐守，所以實際駐守在徐州城內的國軍大約只有廿萬人左右。而共產黨軍隊，對於國軍的佈署狀況，也早就摸得一清二楚，所以由劉伯承指揮的解放軍，所使用的戰術叫「圍點打援」，這一招厲害的是，共軍並不積極攻城，而是先把城內的廿萬大軍困在城中，他們知道國軍參謀本部一定會調集鄰近徐州四面八方的軍隊來增援，而他們對於國軍增援部隊的兵力和行軍路線，早就由潛伏在國軍參謀本部的間諜刺探得一清二楚，所謂「圍點打援」的打援，就是共軍早就埋伏在援軍增援的行軍路線兩旁，等援軍經過時，出其不意的打他個「猝不及防」，就這樣，一次又一次，把從四面八方增援徐州的國軍部隊，一支又一支的先行殲滅，最後，由司令長官劉峙率領，困在徐州城內一個多月的廿萬軍隊，在內無糧草，外無救兵的情形下，除了開城投降以外，實在也就沒有辦法可想了。

關於圍點打援中敗得最慘的一支援軍，由白崇禧愛將黃維率領的十二兵團，由於行軍路線洩密，在由安徽開往徐州增援途中，在距離徐州還有一百多公里的皖北雙堆集附近就遭共軍重兵包圍，結果是司令黃維被俘，部隊潰不成軍。另外還有由安徽北上增援的一支裝甲部隊，聽說蔣委員長次公子蔣緯國，那時候就在這支部隊中當營長，依當時的解放軍火力，打陸軍可以發動人海戰術，對付裝甲部隊應該是沒有辦法的，可是解放軍想出來的對付辦法是，在他們所預料到的裝甲車必經之路上，連夜動員數千民伕，把道路上挖了一條一條寬度深度都有七、八十丈的大坑，把裝甲戰車澈底阻斷在路上，幾乎動彈不得。以智取，而不以力抗，這也是不得不使人對解放軍的戰術運用另眼相看的一例。

藍超群

紅禍瀰天，赤匪遍地，哲溪戰不兩立，兄弟結我悲
難與共同舟一命血淚息。相闊近四十年舉目可
及吾光育史抗可剿匪，城牡雷闊，紅移知已，生死同
心谷山蒙難潔氣蒼沛夜襲剿公島奇功盈盈南營
織寇陳屍滿野沖殺黃巷山失敬烽火佳人向陽瀝
血戰應虐重生遠遣亳賊孔甲忠，蒙育膠澳，力誅寇
先使慶犯難義貴日月誠威武不屈之軍統精神
匪冒險犯難半百功名傳天下而
英風萬里比美古今豪傑
忠貞滿門妻賢子孝而後仰伏魚塊安息羊幸
已峻兆寶石婚慶凱歌聲頌為祝
弟超群詳賀

藍超群函

徐蚌會戰失利，舉國震驚，國軍士氣也自此一蹶不振，整個大陸局勢也自此江河日下。不久，中共軍四十萬大軍在江陰渡江，上海在民國三十八年五月底淪陷；接著是成都失守，華南武漢湖南四川一帶駐軍全面潰敗。大陸的大好河山，就此全面淪陷，國民政府也不得不渡海遷來台灣了。

我是在平津吃緊時，辭去聯昌公司職務，全家先行遷居青島，後來山東省主席韓復渠的部將吳化文叛變，眼見青島局勢也岌岌可危，我和原來在青島的一些老戰友都知道政府已經遷台，於是大家一致決定追隨政府渡海前來台灣，而當時也幸得朋友協助，在青島租了一艘輪船，由於船東是我認識的一位好友，讓我們全家都能免費登船。那時候，我的結拜兄弟張喜田、藍超群還在青島，帶一個中隊武裝警登船保護，也隨我們一同來台。

這艘船名叫「天運」的輪船，是一隻木造七百噸燃油動

力的小船，是於民國卅八年六月二日從青島港口啟航後，沿著江蘇海岸經連雲港向南航行，航行至吳淞口附近的，自上海淪陷後，這裡已經是中共海軍活動區域，因而航行第二個夜間，我們在東海的長江口外，報務員發現位於我船兩側，有不明信號的船隻數艘，漸漸迫近，判斷可能是中共海軍，船長當即命令全熄燈火，停止發報機概不作答，武裝人員全體備戰，機槍、步槍子彈上膛，並準備五大桶柴油，準備用於拼戰失敗時，寧可焚船自盡，也決不投降。不過，我主張大家要冷靜、沉著，先隱避起來，不到最後關頭，決不抵抗。不久，我們看到敵艦六艘分成兩排，將我船夾在中間，兩側之距離都不到一百公尺，並用探照燈投射數次，又作信號多次，我船默默中半速前進，未加理會。這時艙內有老弱婦孺五十餘口，幸而上蒼有眼救了我們，敵艦不久就全速航行，瞬時遠離我們的附近，此時已東方露白天將破曉。我們家都在驚險中渡過了一夜。

六月三日，「天運輪」一度駛到舟山群島避風，直到次日深夜也就是六月四日才到基隆外海，不料又遇到了暴風雨，一時無法進港，要是隨風漂流便非常危險，此時四週一片濛濛，宋船長沒有航行遠洋的經驗，更沒有經過颱風的情況，昨日天舟山避風電台收到的颱風警報，但是一天風平浪靜海面無波，當時大家都指責船長為何不開船，誰知那就是颱風來襲前的景象，宋船長沒有主張，經不起七嘴八舌的吵著，便只好開船，現在才知道果然是颱風來襲，船在外海一時也進不了港，船身上下起伏幌動得，船長也束手無策。在此千鈞一髮之際，所幸船大副是一位六十餘歲的老人，他爬在船頭上目測前方，喊話指揮輪機如何掌舵，最後終於把船駛進港倖免於難。第二天進港御貨，船身浮起，大家見到船頭有一片已撞上礁石之凹痕，但幸未穿洞，這是幸虧船大副老人掌舵之功也。

第廿四章 台灣是寶島 幸福享天年

落腳台中 任消防警察
四子二女 多已成家立業
膺選模範軍人家屬 接受表揚
期盼能有一天 再回故土
留王氏家訓 盼兒孫銘記心頭

韶光易逝，來台灣定居，轉瞬已卅餘年。想當年在基隆港下船時，我身無分文，是靠學貞帶來的一些黃金和首飾，還有幾卷當時在青島很值錢捲筒照相紙，我把首飾、黃金和照相紙全部變賣成現金，才在台中後街買了一棟日式小平房，把全家老小安頓下來，然後，以我曾在青島警界服務的經歷，經過當時已在台灣警界服務老長官的推薦，在台中警務單位謀到了一個消防警察的職位，學貞與姥姥都能適應台灣的環境。我們工作的待遇並不高，僅能養家糊口而已，好在學貞持家有道，學習養雞、種菜，體驗農村之生活。我們自己和三個兒子的開銷都是能省則省，以後這十幾年，除了由大陸帶來的長子明生，次子勝生，三子富生以外，在台灣，學貞先後又生了兩個女兒馥好及馥美和四子貴生。現在，我們的六個兒女俱已長大成人，並且完成學業，服務社會，而我也已自民國五十九年退休，專心研究自動防火警報系統，並獲專利證書。

不過，使我想悲痛難忍的是我的母親她老人家卻已在我返鄉前即已駕鶴仙遊了，記得玉璞堂弟媳往大陸旅遊得知天津玉山堂哥家地址，又從玉山堂哥處得知母親尚健在住柳州，非常高興，便於民國七十七年八月廿五日與學貞往大陸探親，不料到達廣西省柳州市時，母親因腦溢血而於日前去世，探親變成奔喪了。母親享年八十九歲。接著我又飛天津到玉山堂哥

家，得知祖父是民國六十年九月二十五日因胃病去世，享年七十六歲，喪地在楊家庄，當日覓父墓掃墓祭拜，心中悲痛，感嘆因兩岸內戰，造成子不能盡孝的人間悲劇，只能無語問蒼天！

　　我的四子二女，目前均已成人，長子明生及次子勝生，均係政治作戰學校畢業，長子品學兼優，曾在畢業典禮代表畢業生受先總統　蔣公親頒授予畢業證書，並蒙召見家長。這份榮譽永留王氏家譜。我亦於民國五十九年當選為模範軍人家屬代表，接受台灣省主席陳大慶將軍的表揚。因為長子明生和三子富生，亦均為軍人，勝生當時在軍校讀書，富生則服役憲兵並經選拔進入總統府鐵衛隊服務。至於四子貴生則在大學就讀，如今四子二女均已成家立業，生活美滿幸福，此乃代表一個家庭單元作為政府實行三民主義的見證。

　　在台灣這幾十年，我和抗戰期間一起打游擊，而後來也一起隨政府撤退來台的老弟兄，以及我在保密局工作時期的一些老戰友，凡是已到台灣

在青島義結金蘭的十兄弟，攝於民國三十七年十一月六日於青島市春和樓。前排中為長兄郝育華，左為五兄郭美林，右為四兄林則吾，後排右起依序為八弟劉品三，六兄張在倫，七弟王凱聲，十弟張喜田。

來的人，大家還常有連繫。為了紀念抗戰，我還在台中烏日所建房舍，取名為「羊亭」，並立為王氏會館。想當年在羊亭打游擊還只是廿歲的小伙子，而今我和學貞都均已鬢霜髮白，的確是歲月不饒人啊！

寫這本回憶錄之前，欣逢我和學貞結婚四十週年，日前我和學貞聊天

外祖母王朱氏與外孫勝生、富生、明生，
民國三十八年初來台時在台中合照。

時，曾談及等到我們結婚五十週年時，不知道能不能回到天津去慶祝金婚紀念，同時也帶兒孫回鄉祭祖。我觀察目前兩岸情勢，這個願望不是不可能實現的。學貞當時回我的一句是：「但願老天保佑」，可見我們大家都在熱切企盼這一天的到來。

這本回憶錄就寫到這裡為止。最後，我想將學貞前幾年寫的一份「王氏家訓」一並附錄於此，後代兒孫若能緊緊牢記，當可後福無窮也。

民國五十七年春節王凱聲全家聚會樂融融。

王氏家訓

一、苟日新,日日新,又日新,一年之計在於春,一日之計在於晨,一生之計在
　　於勤。雖然幾句簡單的話,你們能做到,一生就不怕沒有前途。

二、做人做事要勤儉起家,要忠厚待人,處事要誠實、守時、謹慎、心胸要寬
　　闊、要有容人之量。

三、兄弟姊妹要互助、互敬、互愛。朋友要仁、愛、信義、和平相處。

四、富人貴在施捨,窮人貴在不求。不欠人錢心樂,不貪人錢心安,不求人錢心
　　舒。做人做事在錢上清清楚楚,用錢在理上明明白白。

五、久賭神仙輸,久賭無勝家,久賭事業廢,久賭必奇窮。夫妻反目,兄弟失
　　和,兒女失散。青年人要本「己所不欲,勿施於人。」仁人之心,方可不
　　賭。好賭成習者,速戒之。

六、吃得苦中苦,方為人上人,不吃苦,不努力的人,永無成就之日,老了悔之
　　晚矣。

民國七十一年春節王凱聲全家福照片

民國八十二年春節全家福合影留念

民國八十年慶祝母親七十壽誕全家合影留念

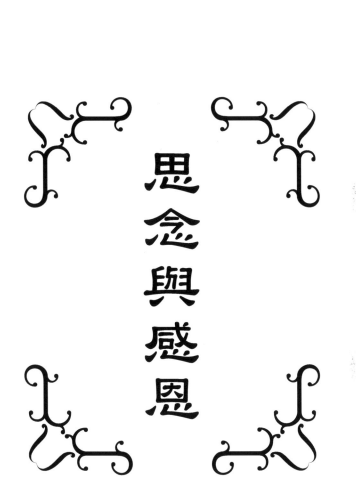

思念與感恩

感念堂兄改變了我的一生

堂弟玉璞

　　我於一九二八年七月十六日降生。我家住在天津縣哨口鎮楊家莊。我比堂哥玉林（凱聲）小十歲。

　　我的先人和他們的家庭是屬於古老的、傳統的中國農村。就我兒時所知，他們人和房子沒有受到任何現代化的影響。他們生存的天地是中國式的農村，也許這就是古老的中國農村；日出而作，日落而息，充實的農村生活。

　　我兒時印象，家中有一大片田地，家中養一匹小騾子推磨，養四匹馬，在當時可稱為小地主了。我十一歲喪父，就跟我哥哥「玉山」一起生活，還記得，每天一起床就要掃一大片院子的地，餵食騾子與馬吃飽好工作，家中還有一口井，打水給騾子與馬喝水，一桶水一下子就喝光了。

　　我小時候不喜歡讀書，當年還小不知讀書的重要；直到民國卅六年，玉山哥把我交給堂哥玉林（凱聲）送我到青島警察學校讀書，一年半後適逢國共內戰失敗，堂哥就帶我隨青島警察局租的「天運輪」一起來台灣；因為，我是青島警察局編制內警員，即奉命編為陸軍卅九師，駐守澎湖；這是民國卅八年六月初來台的情況。我還記得同船來台的張喜田，當年是青島警察局保安大隊第二總隊長。

　　當時我才廿一歲；民國四十六年單位自澎湖調回台灣，我被派往美軍顧問團服務，工作環境很好；直到民國五十年九月四日自軍中退伍；開始我人生另一階段的奮鬥。我是民國五十六年與亞靜華女士結婚，婚後生一男「榮生」，一女「馥娉」，過著幸福快樂的生活。

　　我今年八十七歲了，經常思念堂兄與堂嫂，我這一生的命運，由堂兄帶我到台灣，至今也已六十六年了；我有四個孫子，享天倫之樂，感謝我

的妻子靜華女士，與我共同生活，細心的照顧我；照顧孫子們；生活很充實，兒女都很孝順；這是我這一生最大的福報了。

　　回想起來，大陸上的農民工作辛苦，生活儉樸。就算我哥哥玉山，有田地、有騾馬，算是一個小地主，有一次還被土匪綁票，幸好被當時的地方武裝保安隊救了出來。台灣是個寶島，四季如春，治安良好，農村生活也都現代化了；在整個中國大陸來說，台灣真是個寶島；自由、民主、生活富裕的人間天堂。

　　感念堂兄參加抗戰，從事地下工作與敵人戰鬥的勇氣；又赤手空拳，放棄大陸的一切財富，來到台灣將近四十年的努力，也打拼出來另外一種的成就，這種挑戰性的人生，是他發揮了大智慧、大毅力、大膽識！實堪為現在版的國人楷模。

王玉樸先生全家福

感恩父親是抗日戰爭的英雄

長子明生

「疾風知勁草，世亂識忠奸」這兩句成語的意思是，只有在大風吹刮時才能看到山坡上的草，那些是經得狂風吹刮後而依然挺立，那些是被風一吹就倒的，以此比喻戰亂年代的人，以草喻人，也就是說，在昇平年代比較不容易分辨出那些人是忠厚的好人，那些人是奸詐的小人，只有在遭遇亂世時，誰忠誰奸馬上就能一眼看出來了。

我的父親在十八歲就參加了中國國民黨，十九歲就參加了抗日游擊隊，曾經在戰場上九死一生和日本鬼子搏鬥，也曾經在轉入地下工作時不知多少次和日寇及敵偽特工人員週旋，可以說是一位標準的中國國民黨員，也是一位不折不扣的英勇戰士。他老人家把他十九歲至三十歲這十一年人生中最寶貴的黃金時間，無條件的奉獻給國家，雖歷經艱險，但他無畏無懼，吃盡苦頭也無怨無悔。隨政府撤退來台以後，他老人家在年逾古稀之年，寫下了這一本回憶錄，他曾一再說明，他的目的不僅是見證抗戰的歷史，也不是想在他的人生腳印中留下一些雪泥鴻爪，重要的是要對那些在戰亂中救助過他的人，表達衷心感恩和敬佩之忱。

此書完稿時，父親已屆七十歲，那時候我們兄弟也都已長大成人，記得父親在與母親結婚四十週年出過紀念冊，載有很多親友祝福的賀言，但言及戰爭不多。別看父親的個性他上了戰場便是一位勇敢冒險犯難的勇士，從事地下工作時一向置個人死生於度外。可是，他為人一向不怯不求，不計名利。關於這本回憶錄，我想父親是否因為是整個構思還不完整，所以才沒有付印，我這就不得而知了。

至於我們兄弟為什麼現在又把這本回憶錄取出來付印成書？最主要原因是：今年是我們國家對日抗戰勝利七十週年，近年來大陸民間興起研究

民國時期的對日抗戰的事蹟,今年中共也隆重舉辦慶祝「對日抗戰勝利七十年」大閱兵等活動,並說在八年的浴血奮戰中,八路軍則挺進日軍後方,廣泛展開敵後游擊戰爭,使日寇陷入人民戰爭的汪洋大海;尤其一九四〇年八月的百團大戰的勝利。總之,中國的抗日戰爭「正面戰場」和「敵後戰場」,只作戰地域的劃分,是統一的抗戰有機組成部分,少了任何一個都不是完整的抗日戰爭;父親就是代表中國國民黨在山東地區的「敵後戰場」上與日軍作戰,也與共軍、偽軍依存與作戰,四處狼煙,不久膠東各抗戰部隊被日本海、陸、空聯軍掃蕩瓦解,由此可知父親的敵後作戰,打的是游擊戰,在武器裝備都缺乏,又無海、空的支援,面對一批訓練精良,新式武器完備的日軍,我們游擊隊只能以大刀、手榴彈等武

長子明生全家與岳母合照

器，運用智慧與地形，以血肉之軀抵抗日軍的侵略；以敵我雙方犧牲來看，我游擊戰士，犧牲大約十個，才能換一個日本兵的性命，這是慘烈的戰爭，所謂「一寸山河一寸血」，就是用我們的生命來換寸土，即「我死則國生」之壯烈英魂。

紀念抗戰是兩岸共同面對歷史。自從鴉片戰爭、八國聯軍、甲午戰爭以來，中國受到帝國主義的侵略，我們的自強運動，由西化而俄化，造成自相殘殺，不時為美俄所玩弄；我以為兩岸如能根本反省，求中國人之團結，走自己中華文化復興之正道，以中華民國憲法為藍本，重定中國制度，實現政權歸於全民，則天下為公，世界大同，兩岸自然就統一了。

感恩父親是抗戰英雄，幸而沒有戰死沙場。感恩抗戰勝利收回了台灣、澎湖，讓我們六兄弟妹在這安全的寶島快樂的生活！特別在此獻上衷心的感謝！

長孫王策新及思亭、思渝合影

父親瀝血抗戰九死一生
仍不時感念拯救過他的人　次子勝生

　　出刊父親回憶錄是紀念父親參加抗戰的故事，是父親前半生在大陸時期的故事；有關父親後半生在台灣的故事；我曾希望兄弟姊妹們討論一下，提供資料，在不久的將來，我們能夠把父親後半生那種為了家庭改善生活的付出，為了研究發明的實驗與努力；為了防火救災的奉獻與犧牲之歷程故事，繼續展現在子孫與人們的面前。

　　在這本父親回憶錄中，我的印象最深的就是民國廿九年父親潛返天津，被檢舉為「重慶份子」，獲「記者們」援助救出，當年十一月卅日與母親結婚後，知悉原部隊整編，父親在環境與愛國心驅使下，攜母親重返膠東游擊部隊，任中校副團長職，當時游擊隊缺彈無糧，苦守圍城，環境至為艱難，真可以說是四面狼煙，危機重重。

　　民國卅年春節後，我方游擊部隊選敢死隊百人，王仁心率領乘小舟潛入「劉公島」（威海邊小島）打開日本海軍彈藥庫，獲輕重機槍十六挺，步槍卅二枝及大批機槍子彈，我軍未發一槍一彈，未傷一兵一卒，就憑大刀，竟然戮敵廿一個日本鬼子，寫下光輝的一頁，隨於民國卅一年四月日本海軍陸戰隊再次大規模掃蕩我軍游擊隊據點，並屠殺當地二百六十餘村民，隨後又將全村房子放火焚燒，滅村之後追尋我軍行蹤；我軍遭遇敵軍埋伏；隨潰不成軍，團長失蹤；父親指揮突圍戰中，左腕中彈負傷被俘，敵驅大批俘虜交偽軍處置，其意在使中國人殺中國人也，幸當時偽軍部隊長「梁俊逸」係當地區長，未投偽軍前與父親有深厚友誼，因此，又救了父親一命。

　　我提出這一段是說明當時候的環境，中國共產黨已組建山東八路軍第一縱隊，整合各據點；中國國民黨的游擊隊的生存環境非常艱辛與危險；

主要敵人是日軍；要與日軍生死搏鬥，這次父親的游擊隊深夜開拔後，即有「敵諜」尾隨，將行蹤供給日軍。因此，民國卅一年三月七日父親部隊才到黃菴山，吃過午餐，母親剛服下治腹瀉的藥，日軍襲擊就到了。

父親拉著母親向東側小山跑去，敵人機槍追蹤而來，在千鈞一髮之際；忽聽手榴彈爆炸聲；是父親的屬下獨立團第一營上士班長「叢永德」丟了兩顆手榴彈在敵人頭頂爆炸；救了父母親一命，真是驚險萬分。此時，父母親已爬到懸崖斷壁之間，到了安全地帶。感恩「叢永德」上士班長救了父母親的性命。

父親率領的游擊隊，每逢日軍大掃蕩就與日軍玩貓捉老鼠的遊戲；敵人火力優勢加上空軍轟炸與偵測；而游擊部隊缺糧缺彈，火力又弱，往往在運動之中，敵來我走，敵走我來，尋找戰機與敵決戰。唯獨這次被日本海軍陸戰隊包圍，掉入敵人口袋戰中，日軍從東西南高地往下衝，父親部隊已有一半傷亡在平原中，一陣機槍打來，父親身中七顆子彈，幸都打在攜帶的地圖與膠鞋上等物品中，在父親奮力蛇行將要越過山嶺之際，左手腕與右腳同時中彈，左手在腕處已折斷，在這生死的剎那，父親視死如歸，更沉著而冷靜；父親蹲下用右手扶著折斷的左手，咬著牙忍著痛，此時幸而有一個士兵走過來，解下他的綁腿長帶子，替父親包紮傷手，並告知李團長腿部受傷，都在下面山溝裡。

在此還要感謝的是救助父親的恩人，父親負傷後，流血十八個小時（左手腕中彈），受到偽軍梁俊逸的安排化裝成偽軍，首先由於渤海醫官洗傷口做止血手術，幾天後左臂腫了起來，頭發暈，送威海公立醫院醫治；又遇到方志謀醫師（原我前方醫院院長，民廿九年日軍掃蕩被俘）現任公立醫院外科主任；第三天院長巡視病房，他主張將父親左手鋸掉，惟恐累及左臂，幸方醫師竭力反對，認為可以保留，他對父親恩德深厚矣，父親左手之存在，實在要感恩「方志謀」醫師也。

人生就是一個選擇，父親放棄了到後方讀書的機會，選擇了加入中國國民黨，選擇了上羊亭打游擊戰，選擇了參加中華民族保衛國土的聖戰！

　　父親從小讀私塾，接受中華傳統文化的薰陶，深受儒家成仁取義大無畏的精神感召；誠如孔子謂：「臨大難而不懼者聖人之勇也。」父親對日抗戰，基於儒道，方能勇於赴湯蹈火，不苟免難，不苟取利，不偷生，不怕死。履危如安，甘險如貽。視生如芥，視死如歸也；這正是父親當年在游擊隊抗戰精神的展現。

　　抗日戰爭，是中華民族五千年來對抗外族入侵，最危險與最艱辛的戰役。八年全民抗戰，三千五百萬軍民傷亡，數千萬百姓家破人亡。直到民國卅四年八月十五日抗戰勝利，光復了台灣與澎湖；然而不幸的是，國共內戰，卻又形成兩岸分治局面。

　　父親是抗戰英雄，當年像父親這樣不惜冒險犯難成仁取義的抗戰英雄，人數成千上萬；七七是血染的黃河；七七是肉築的長城；七十年了，今天，我們衷心希望，總有一天能完成抗戰未竟的統一大業，走向中華民族復興的大道。

次子勝生全家攝於拉斯維加斯

父親是大時代歷史的見證

三子富生

　　我們家有兄弟四人，大哥二哥和我都是在大陸出生，只有四弟及兩個妹妹是在台灣出生。我是出生於民國三十七年，那時候對日八年抗戰已經勝利了，所以父親在抗戰時期從軍，打過日本鬼子，還參加過勵志社做地下工作，這一段轟轟烈烈的事蹟，我小時候一點都不知道。

　　雖然隱約聽起母親講過一些，也因為不是說得很清楚，所以也了解不多，民國六十八年父親六十歲，為紀念昔日從軍抗戰，特此於烏日豐龍社區建新屋，取名為「羊亭」，我當時對於「羊亭」這兩個字覺得有點奇怪，跑去問母親，她才花了兩三個小時，把父親年輕時從軍抗日，上山打游擊，以及後來又出生入死從事地下工作的過程，一段一段的告訴我，母親說：「羊亭是山東的一個地名，你爸爸從軍報國參加游擊戰第一落腳的地點就在羊亭。」父親參加的是游擊隊初任少尉軍職，他以一顆抗日愛國的熱心，忍耐著一切飢寒與艱難困苦，抱定犧牲救國的決心，在槍林彈雨中不退縮、不偷生、不怕死，履危如安，甘險如貽，視生命如草芥，視死如歸也，這正是父親與母親參加「敵後戰場」游擊隊抗戰的精神展現。

　　在父親寫的這本八年抗戰回憶錄裡，我才知道父親也曾是政工的第一代，因父親在黃巷山受訓後，擔任政治課教官，曾大聲疾呼，為膠東各游擊部隊，喚起軍人魂他以抗戰必勝理論、建國綱領到處演說，廢寢忘食，因當時各部隊長意見分歧，經父親奔走遊說才促成團結，進而組織膠東聯軍，成立東路指揮部。父親的苦心是唯有團結才能戰勝日本的侵略。

　　我和的兩位兄長都是在大陸出生，我是襁褓之年在母親懷抱中抱到台灣來的，託天之福，我們兄弟姐妹就是靠父親微薄的薪俸把我們撫養成人的，可惜子欲養而親不在，等到我有能力奉養父母克盡孝道時，他們二位

老人家已駕鶴西遊去了。

　　兩位兄長計劃把父親的這本回憶整理出版,尤其是今年適逢對日抗戰勝利七十週年紀念,如果因為這本回憶錄的出版,而讓社會大眾更進一步了解當年打日本鬼子的戰爭,打得是如何艱苦,勝利的成果是多少英勇將士拋頭顱灑熱血所換取得來的,戳破那些偽造的抗日戰史,讓歷史還原真相,我們兄弟姐妹將會在明年清明節時,告訴父母在天之靈說:「爸爸、媽媽,你們兩老永遠都是我們後代子孫心目中的英雄,請在九泉之下含笑安息吧!」

　　今年兩岸共同來紀念抗戰勝利七十週年,回顧歷史抗戰勝利是全國軍民的團結才戰勝了日本,光復了台灣;近幾年來兩岸民間交流日益密切,企盼兩岸政府在「憲法一中」、「九二共識」、「兩岸一家親」上攜手合作,認同「兩岸是中華民族命運共同體」,也要兩岸真誠的互信,才能開創中華民族的偉大復興,父親抗戰的回憶錄,就是歷史的見證。

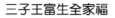

三子王富生全家福

父親以鮮血來換取八年抗戰的勝利

長女馥妤

在我這一生中，最引以為傲的是天主令我降生在這個家庭，做了爸媽的女兒，是千百世修來的。這個家裏我雖排行老四，卻是集寵愛於一身的「天之驕女」，因為我是長女。

回想起來，我的童年最富色彩，這完全得自母親的賜予，像一位天使，母親裝扮了許多角色，我的玩伴，朋友、師長，甚至護士，在一個並不富裕的家裡裏，我過著有如公主般的生活。最記得媽為我收集破碗、小罐兒、花紙等家家酒的用具，還有過年為我製衣添鞋，由此可見母愛何其偉大！如今想來媽的心胸真是何等超脫，在那種貧困的環境裏，她仍然滿足了我的一切。記得媽在我初二那年，因為我不用功，媽曾領著我的手，搭車、換車的參加轉學考試，辦理註冊，拜託老師對我多加注意，母親望女成鳳之苦心，悔在當時未能體會，書沒唸好更是覺得愧無以報。

要寫我那可敬可愛的老爸爸，一支禿筆如何表達我的心意於萬一，在我的心中父親即是「偉大」這兩個字的詮釋，在我很好的時候，父親的告誡如—「貧窮不能移，富貴不能淫，威武不能屈」等等句子就能朗朗上口。父親對我們要求很嚴，這即奠定了我們將來做人做事的指標。而爸的一生坎坷，為報國投身軍旅，奮勇作戰，犧牲了一隻手腕，他以鮮血來換取八年抗戰的勝利，真為爸感到光榮。脫去了戎裝，他更是一位愛家的好父親，為了改善家裡的生活，爸用盡了心思血汗，不斷的嘗試、發明，累出了腰病，累花了雙眼，累白了頭髮，可是爸，我們都茁壯了。

我多幸福，有一位樂於承擔的父親，又有一位樂於照料的母親，家更是我最樂於棲息的地方。如今方為人母，更感父母之恩如江海之浩瀚，如日月之輝耀，今在抗戰勝利七十週年紀念刊上，我要再一次的說：「天

主！多麼感謝您！是您賜給我人間最好的父母。爸媽！我愛您！祝福您在主的懷抱安息！」

王凱聲與女兒馥妤，孫兒策新、思平、又新、冠華等同享天倫樂。

長女王馥妤全家，冠華與冠蓉。

抗戰象徵著正義永遠照耀人間

次女馥美

　　我叫馥美，在家排行第五，上面三個哥哥，一個姊姊，我誕生在這個幸福的家庭，我出生在后里鄉的內埔，還記得媽媽養雞，哥哥們幫忙種菜，家中有院子，兒童時期常辦家家酒的遊戲，生活在大自然中，覺得我生長的家是個快樂谷。

　　自小我就敬佩我的老爸，自認我有一個幸福的家庭，爸爸、媽媽、姥姥、哥哥、姊姊、弟弟都有，我是一個安琪兒，是一小公主；雖然物質生活貧乏，但精神生活非常富裕，尤其父親是我們家的支柱，最有權威，平時忙於生活，但在吃飯時會講述抗戰的經歷，機關槍答、答、答的掃射，父親與母親在槍林彈雨中與日本鬼子作戰，父親左手腕中彈，至今留下深深的疤痕，這是抗日戰爭光榮的標記。

　　母親原生長在富貴之家，天津淪陷後，母親隨父親一起到山東羊亭打游擊戰，所以母親與父親一起山涉水，餐風宿雨，或披荊斬棘，或戎馬倥傯，苦不甚言，遇到日本海軍陸戰隊的大掃蕩，母親告訴我當時就抱必死的決心，反而更勇敢了，有視死如歸的精神，才能置生死於度外，感謝天主！父親與母親在對日抗戰中，寫下可歌可泣的一頁；更感恩在戰亂中救助我父母的義士。

　　我父親的一生，可說是平凡的偉大，愛國愛家，犧牲奮鬥，只見一「義」，不見生死！這就是我父親的人格特質的寫照！

　　我對父親回憶錄最深刻的印象是父親與母親結婚時，父親說：『今天是我一生中最值得驕傲的一天，我的奮鬥，我冒險犯難，我不屈不撓在敵人的槍口上、刀尖上，我與學貞終於結合了。

　　我感謝所有同情我支持我的人，包括漢奸們在內，我感謝上帝，我這

次的勝利，象徵著中國不會亡，正義永遠照耀著人間。

父親也常說他感覺愧對母親，他曾向母親說：「學貞！我對不起你，我沒有給妳幸福與快樂，我倆的結合全在驚駭險惡中，妳不恨我嗎？」於是母親也安慰父親，要他把過去的忘掉，母親說：「幸福是我倆共同去創造的，現在不是開始了嗎？」聽到他們的談話，父親哭了，母親也落淚哭了，我們兄妹也跟著淚流滿面。

這是多麼感人的對話！我慶幸自己生活在太平歲月；但刻骨銘心的抗戰歷史，仍值得我們深思與反省！

最後，祝福天下有情人終成眷屬。

次女王馥美全家合影於瀚雲婚禮

懷念父親為歷史留下的紀錄

四子貴生

　　我叫貴生，是家中排行第六，是最小的；我出生於民國四十八年，當時家中生活逐漸改善；而我又是最小的，得父母寵愛最多的，上面有哥哥與姊姊；在我四歲時大哥已去讀軍校了，在我讀小學時，二哥又去讀軍校；因此，我一直陪伴父母還有姥姥，一直到我考取大學到台北唸書，才離開這個家。

　　回想起來，我最佩服父親的「忠義」精神，父親一生前三十年生活在大陸，參加抗戰與日軍戰鬥，保衛國家，付出了慘痛的代價；我將父親的一生經歷整理一下，發現父親最精彩的人生是能確立人生的「目標」，父親的智慧是知道「付出」，為國家的興亡，付出了大愛，出生入死，在戰場上與日軍戰鬥，以剛畢業的學生，捨棄溫暖的家，走上艱苦生活的游擊部隊，才二十歲就參加了崮山后、于家齊、豹虎山等戰役，第二年又參加了吐羊口之役、向陽山之役、勝利崖之役，與日軍激戰，是役連長叢永耕、旅長姜仞久均陣亡了。幸父親脫險，民國廿九年返天津與母親結婚；民國卅年又偕母親一起重返山東文登打游擊，並任副團長他們將文、榮、威這兩縣一區的十八個據點佔領。民國卅一年三月一日夜襲劉公島，只帶大刀由投誠的于虎臣引導，斬首日本教官二十一人，虜獲大批武器彈藥，在我國游擊戰史上寫下光輝戰績。三月廿五日日軍集六千人向我游擊陣地攻擊，三月廿七日我軍到了黃菴山與日軍展開激戰，父親脫險將母親安排到安全地區後，又召集部隊於四月一日再與日軍戰鬥雖然負傷，但倖獲偽軍救助送醫。

　　這段歷史是父親永生之痛，父親直到花甲之年，在睡夢中，還時常夢到機槍掃射，黃沙滾滾，在浴血奮戰中驚醒。

感恩！八年抗戰勝利，光復了台灣、澎湖，自此，台灣是中國的一部份；台灣屬於中國直到今天。（台灣與大陸都屬中國）

我實在想不通在八年抗戰勝利後，民窮財盡，老百姓希望過安定和平的日子，為什麼蔣介石與毛澤東兩個人，要再發動國共內戰又打了四年戰爭，好多將領與士兵在八年抗戰未戰死，卻死於內戰！可悲！

民國卅八年中國國民黨的軍隊被中國共產黨的軍隊打敗，逃難到了台灣；父親當時已經營「聯昌公司」，未參與國共內戰；但是，父親是瞭解中國共產黨的「階級鬥爭」；因此，父親毅然率全家及姥姥，乘青島警察局租的「天運輪」來到寶島台灣；我就是父母親來台灣後出生的，這就是命運；如今中國共產黨在文化大革命後深切反省，鄧小平改革開放後，已不搞「階級鬥爭」了，兩岸在「九二共識，反對台獨，兩岸同屬一中」的原則下，和平發展，交流密切，可惜父親未能看到。

對父親一生影響最深的一本書是「岳飛傳」；對父親影響最大的是爺爺，「以誠信待人，以忠義交朋友，以道德服人，以『忘我』的精神感召勞苦大眾」；所以，爺爺在天津鐵路運輸業受人敬愛。

父親的感情世界，在少年時爭取婚姻自主權，在學校認識了母親，展開了書信的追求，獲得母親的信任，姥姥的接受；終身奉獻給這個家，是我們子女的榜樣。

父親來到台灣，潛心研究「自動防火警報系統」有所成就並獲得專利；因思念家鄉爺爺、奶奶及親戚們，設立「王家祠堂」，出版「王氏世寶全譜」；光大祖先至德；現將我知道的父親有關資料整理如左列，簡述之：

一、父親的發明

（一）民國四十七年四月安全自動防火警報器（固體感應）。

（二）民國四十七年五月氣溫感應器（液體感應）。

（三）民國四十八年二月保險牌自動防火器。

（四）民國五十五年十一月電達牌自動火災報警器。

（五）民國五十六年六月自動噴霧滅火器。

（六）民國七十二年十二月榮獲差動型火警探測器「專利權證書一七六八七號」。

二、父親的榮譽

（一）民國廿二年參加天津成人自由車賽獲銀牌。

（二）民國卅一年春節過後「夜襲劉公島殲滅日軍」獲中央嘉獎。

（三）民國四十一年三月六日「第一屆賽輪大會總冠軍」。

（四）民國四十八年榮獲美國防火協會榮譽會員。

（五）民國五十二年十一月十二日「膺選好人好事獎狀」台中縣政府頒。

（六）民國五十八年十二月八日「全省消防示範大演習」全省電視轉播。

（七）民國五十九年三月三日當選模範軍人家屬代表獲頒「教忠報國」獎由省主席陳大慶贈。

　　註：好人好事獎狀，乃五十二年九月十二日葛樂禮颱風來襲，父親率義消救出百餘受困村民，自己脊椎受傷。

三、父親的出版及文章

（一）民國七十二年十一月一日創刊「王氏世寶雜誌」。

（二）民國七十二年十月出版「王氏世寶全譜」。

（三）民國七十二年八月三日撰述「王凱聲六五自述」。

（四）民國七十三年元月撰「王氏世紀源流考」。

（五）民國七十五年二月撰「河北省靜海縣小集村王氏鳳和公本支世譜」。

四、父親對防火理論與方法之研究

（一）民國四十四年六月「防火理論」。

（二）民國四十七年九月「戰時工廠防護計劃」。

（三）民國四十八年十二月「在一幢正在燃燒的建築物中怎樣逃

　　脫」。

（四）民國五十三年六月一日「自動防火警報系統」（台灣消防週刊）。

（五）民國五十三年九月「濕潤水滅火新法」。

（六）民國五十六年六月「自動噴霧滅火器模型試驗報告」。

　　一個時代的歷史，尤其是近代中國的歷史，面臨日寇的入侵，國共的內戰；台灣的經營；轉眼一甲子過去了，感恩父親為國為家的奉獻，感恩媽媽、姥姥從小照顧我，才有今天的幸福；爸媽！我愛您！我想念您！

四子王貴生全家福，美蓮、思懿、一新合影。

附

錄

〈附錄一〉

軍統局在抗戰中的貢獻

　　戴笠，是抗戰及國共內戰時的一位傳奇人物，一生毀譽參半。不過詆毀他的人，多半是和他站在對立面的那些日本鬼子和共黨份子。而絕大多數中國人，大家都認為他是一位愛國志士。他一生忠於國家，忠於領袖。他心目的領袖，永遠只有一個人，那就是當年陸軍官校校長和後來的軍事委員會蔣委員長。

　　不過，客觀的講，戴笠一生，忠於國家、忠於領袖，尤其他在軍事情報方面的貢獻，曾多次把譯破日軍密碼的技術毫無保留的提供美軍，使得美軍得以在太平洋中途島戰後的勝利，不僅擊斃了日本海軍司令山本五十六，也因此戰役的勝利，而完全扭轉了二次大戰的戰局，更是功不可沒，可說是大功一件，永垂青史。

　　關於當代人物對戴笠當年因飛機失事而殉難的看法，蔣介石的輓聯和中共周恩來的談話，就是兩極化的評價。

　　蔣介石當年親筆題寫的輓聯是「雄才冠群英，山河澄清仗汝績，奇禍從天降，風雲變幻痛于心。」

　　而周恩來在中共軍事會議上的談話則是：「戴笠之死，使得共產黨的革命可以提前十年成功。」

　　兩相對比，一痛一喜，純粹是因為政治立場的不同。但客觀評價，我們卻不能不承認戴笠的確可以稱得上是一位英雄人物，他的遇難，曾使多少國人為之垂淚嘆息。蔣介石就曾沉痛的嘆息說過：「戴雨農同志不死，我們就不會撤退到台灣！」旨哉斯言！

　　雨農是戴笠的號，他是浙江省江山縣人，原名戴春鳳，投考黃埔軍校時改名戴笠。他畢業於黃埔軍校六期，畢業時已卅歲出頭，因成績優良而受到蔣介石賞識並遴為侍從副官，從此一直隨侍蔣公左右，不時委以重

任，因而又有人稱之為「蔣介石的佩劍」。

　　民國廿一年，蔣介石在南京成立「中華復興社」，也就是一般人所稱的「藍衣社」，也有人稱之為「力行社」，蔣介石自任社長，任命戴笠為特務處長，並為蔣介石所信任的「十三太保」之一。十三太保的自我期許就是「堅忍不拔，隨時準備犧牲，甘當無名英雄」。

　　藍衣社當年之所以引人矚目，是因為在除暴安良的政策下，對日寇及漢奸的暗殺事件層出不窮，很多人都說這些暗殺事件，幾乎全都是藍衣社所為。蔣介石對戴笠的信任，始終未曾動搖。在美國國防情報局「中國第三七三號記錄」中就有這麼一段記載，記載中說：「他是唯一一個能在任何地點。任何時間見到蔣介石的人。」戴笠對蔣介石的忠誠，即便在抗日前途最渺茫之際，抑或蔣介石個人處於最危難之時，也未發生過動搖。而戴笠對蔣介石誓死效忠，也確是事實。民國廿五年西安事變發生時，蔣介石被張學良扣留，在第一時間冒險陪同宋美齡冒險趕赴西安救蔣介石的就是戴笠。而在此以前，戴笠及所屬軍統西北工作站也曾一再回報西北軍心不穩，但蔣介石依然前往西安督促嚴令張楊剿共。不料，張學良、楊虎城早在半年前便已經跟中共密謀，於十二月十二日間發動舉國震驚的兵變，戴笠也剛下飛機即遭到逮捕關押。在獄中，戴笠當時還曾立下遺囑：「昨日下午到此即被監視，默察情形離死不遠，來此殉難固志所願也，惟未見領袖死不甘心。」

　　不久，蔣介石脫險後，戴笠曾自請處分，反而更獲得蔣介石的信任。西安事變以後，蔣介石也從此更認清形勢是：打日本事小，蘇俄扶持的中共才是真正的禍害。也就在這一年，蔣介石把藍衣社納入軍事委員會正式編制，改稱為「軍事調查統計局」，這時候已抗戰軍興，軍民同仇敵愾，一致對外，軍事調查統計局簡稱「軍統」，首任局長由陳立夫兼任，戴笠任副局長，後來陳立夫調任國民黨中央組織部長，局長一職就由戴笠接任。一直到戴笠在民國卅五年三月在由北平返回南京途中因飛機失事殉難為止，前後長達八年之久，在此期間，軍統因任務繁重，工作人員不斷擴

增，任務重點也轉移到對外要負責對付日本鬼子，對內要對付共產黨地下特工。捉漢奸、抓共諜成了軍統的重點工作，而到了民國卅年，更又挑起了中美情報合作的重擔。原來在民國卅年日本軍機偷襲珍珠港事件發生，戴笠就曾得到情報請外交部轉告美方注意，但被美方輕忽了這才招致珍珠港事變的重大損失。事後，美國海軍很後悔忽視了戴笠事先提供的情報，於是主動提出開展情報合作。一九四三年四月十五日在羅斯福和蔣介石的共同批准下，中美簽訂了《中美特種技術合作協定》。同時簽成中美情報合作機制明確協定，中方為主要負責人，於是中方派出戴笠，美方派出海軍中校梅樂斯(Mary Miles)負責。

在中美合作所裡，美軍情報人員一掃之前白種人的高傲態度，完全融入中國人的生活方式中。特別是親眼看到中國人民抗日條件之艱苦，但抗日決心之頑強，無論日軍如何狂轟亂炸、肆意屠殺，中國軍隊仍然堅守在戰場上，誰還能對這樣的民族加以輕視呢？因而這些美國軍人便不久都成了「戴笠將軍忠義救國軍的一部分」。人們常把這些勇敢的美國軍人稱作「稻田將軍」，他們廣泛地分布在中國各處十個大隊中，據梅樂斯透露，至少有七萬一千日軍是被中美合作所的武力所殲滅。

戴笠一向都自稱他的一生所做的一切都是為了「繼續孫中山和革命未竟的事業」，他也一直要求自己和部下要忠於「國民革命的理想，不計個人名利得失」。

還記得當年，在重慶軍統局附近山坡上有塊無字碑，戴笠經常要求部下的名言是「清除一切私心雜念，甘當無名英雄」。……無名英雄就要隨時準備作出犧牲，他們是堅忍不拔忍辱負重的典範，他常說，「你們是領袖的工具，只有領袖才能創造偉業名留青史。」

在軍統訓練班裡，學員要掌握射擊、爆破、電訊等多種技術，還必須接受三民主義、服從領袖等思想。戴笠從一開始就使軍統的嚴格紀律與對領袖的個人崇拜結合在一起，從而營造出一種特殊的政治文化氛圍。在抗日時期，戴笠一度曾以「匈奴未滅，何以為家」、「針尖不能兩頭尖」為

訓，規定戰時特工不許結婚。

　　另一方面，中美合作所也給美軍帶來很大的幫助。戴笠把破譯日軍密碼的技術無保留地傳授給美軍，令美軍得以取得中途島勝利，並炸死日本海軍司令山本五十六大將。二戰後，美國的一份報告評價中美合作所提供的軍事乃氣象資訊，「成為美國太平洋艦隊和在中國沿海的美潛艇攻擊敵海軍的唯一情報來源」。

　　合作中，梅樂斯中校也成了戴笠的朋友。讓梅樂斯欣慰的是，「中美合作所訓練出的忠義救國軍，平均每死一人，便殺死敵人三人。曾在戴笠部下服務過的人，投奔敵人的，簡直少之又少。可惜，戴笠在抗戰勝利不久便不幸遇難，共謀自然變本加厲猖狂，以致國軍兵敗如山倒。民心士氣亦隨之低落不振，到民國卅八年，國軍終於痛失中國大陸。

　　正如蔣介石在台灣曾這樣評價戴笠：「戴雨農同志不死，我們今天不會撤退到台灣！」

　　關於戴笠將軍和軍統局的貢獻，還有些小故事也值得一提。第一件是關於遠征緬甸，軍統「七姐妹花」英勇殉國的故事。

　　軍統局有不少女特工，她們多半都是青浦等幾個訓練班招收的愛國青年學生，經過各種訓練以後從事從軍統文書到暗殺的各種工作。其中有一些就被派到軍事機構，她們往往從事譯電、秘書等工作，同對部隊主官進行監視。抗戰後期，中國遠征軍入緬作戰，軍統派出人員隨同遠征軍出發，其中就有一批訓練班的女學員，到遠軍中擔任譯電員。民國卅一年，仁安羌戰役後，由於美英軍跟中國遠征軍配合協調不夠，中國遠征軍經過苦戰，終於失利。孫立人部新卅八師退往印度，在孫立人部的七名軍統女譯電員隨同撤退，當他們退到印緬邊境時，電台突遭日軍伏擊。戰鬥十分短促，因為當時中國士兵已經彈盡力竭。周圍的掩護陣地全部失守，七名軍統女譯電員被敵人追到一個山坡上。看到突圍無望，這七名女特工人員便砸毀電台，寧死不屈，每人高呼一聲「中華民國萬歲！」即拉響手雷，跳下山崖，沒有一個被日軍俘虜。七人中，只有一個最年輕的姚姓女譯電

員因手雷沒有爆炸而未死，但墜崖後四肢骨折，無力移動。四天後，被親中國的克欽族游擊隊發現，終因傷勢過重，留下最後的敘述後，也瞑目棄世。當年的四月一日，軍統在成立紀念日上，曾對殉國的女譯員舉行隆重的追悼，軍統唯一的女少將姜毅英親致祭詞，並在重慶繅絲廠她的辦公室窗外，種下了七枝連根的美人蕉，軍統人員稱為「七姐妹花」。

　　第二件是關於姜毅英。她是浙江江山人，原名姜鶴根，台灣名模倪雅倫的祖母，為中華民國第一位女性少將。姜毅英女士杭州第一高中畢業後，考入杭州警察學校，畢業後，戴笠委她為譯電員，工作勤奮，洋電業務嫻熟，旋升為軍統局廈門電台主任報務員，兼任監察台密碼破譯工作，加發雙位工資。姜毅英在破譯工作中，從日本軍部無線電報內偵知於當年十二月七日日軍將對美國珍珠港的海軍發動突然襲擊的重要情報，交給戴笠親自處理。美國海軍總部派出情報官梅樂斯上校受命洽談兩軍的情報合作。接著，美國又從戴笠軍統局學會了破譯日本海軍密碼的技巧，這些技巧為美國取得中途島之戰的勝利起到了決定的作用。在中途島之戰中，美國尼米茲的海軍艦隊殲滅了日本海軍主力——南雲艦隊，其四艘航空母艦及數百優秀的飛行員全部灰飛煙滅。

　　此戰中，美國海軍情報處為美國立下了赫赫戰功，中途島一戰徹底改變了太平洋戰的局勢。日本中途島一戰輸就輸在情報上，當時海軍情報處破譯了日本的密碼，使中途島計劃敗露，美國早早地有了準備，當時山本五十六大將手下建議換密碼，但他的密碼官認為調動已經開始，換密碼會帶來混亂。山本於是決定在發起行動那天臨晨四點換密碼，可是已經晚了，美國掌握了全部計劃，日本還沒行動就輸定了。而此事變為當年美國急與戴笠軍統局合作建立「中美合作所」的主要原因。

　　戴笠遇難後，舉國哀悼，而中共卻非常高興。周恩來在中共的會議上就說：「戴笠死了，共產黨的革命，可以提前十年成功。」

　　戴笠被稱為「蔣介石的佩劍」、「中國情報之王」，「反共肅諜天才」，也被稱為「共產黨最害怕的國民黨人」，雖然他長期被中共抹黑，

被誣蔑為「軍統魔王」。但仍不失為一位愛國的忠貞份子，因而當年蔣介石在台灣曾經沉痛地說：「戴雨農同志不死，我們今天不會撤退到台灣」。國民黨左派章士釗為戴笠寫的如下輓聯很能代表各方對戴笠評價的巨大反差。「生為國家，死為國家，平生具俠義風，功罪蓋棺猶未定；譽滿天下，謗滿天下，亂世行春秋事，是非留待後人評！」這才是蓋棺論定之言。

　　註：在抗戰期間的地下工作主要是情報戰，諜報戰，均以軍統為主，此乃無名英雄冒險犯難，義貫日月，誠威武不屈之軍統精神也。

戴笠與蔣介石

〈附錄二〉
抗日英雄姜仞久將軍傳

　　姜仞久，民國三年出生於山東海陽市徐家店鎮姜家秋口村的一個農民家庭。他十歲讀書，十六歲從商。其時因世道紛亂，毅然棄商從戎，置槍招兵組建地方武裝，維持一方治安。民國廿九年，時年廿六歲的姜仞久胸懷滿腔從軍報國的豪情，考入山東省主席陳調元興辦的軍事學校學習，從軍數年官至少校營長。後返鄉任海陽第五常備隊隊長及保安第一旅上校參謀長。

　　姜仞久為人俠肝義膽，豪爽秉直，又頗善帶兵治兵，他所率的地方保安隊因訓練有方，士兵向來驍勇善戰，戰鬥力強，在膠東一代頗有名氣。

　　民國廿六年「七七事變」後，日本軍國主義發動全面侵華戰爭，膠東地區橫遭日軍塗炭，戰事不斷，民不聊生。生性耿直的姜仞久依然出資會同地方軍人及愛國紳士等發動民眾，購置槍支擴建軍隊，立誓守土抗戰。民國廿七年，海陽縣保安大隊與警察局組成海陽軍警前敵指揮部，公推姜仞久為總指揮。

　　同年十月起，駐威海日軍一千五百餘人攜輕重武器圍剿文登向陽山一帶的抗日隊伍。時任威海衛行政區管理公署專員的鄭維屏面對日軍來勢洶猛的圍剿，日漸不支，不得不增調轄區內實力最強的海陽軍警前來增援。

　　海陽縣前敵總指揮姜仞久，接到命令後立即行動，率領七百餘名抗日將士星夜兼程急赴抗敵前線，他們到達文登縣北部的臥龍、小黃一帶村莊後，顧不得休整立即投入觀察陣地、熟悉地形、構築工事等備戰事宜。戰前，姜仞久即已被晉升為威海七區保安司令部上校參謀長。但在他的眼裡，官職的高低並不重要，重要的是如何消滅這群掠我土地、殺我百姓的日寇強盜。此時歷經沙場的姜仞久深知，他們所面臨的敵人兵強馬壯，凶狠殘暴。因而，這次的參戰姜仞久頗有古代將士帶槍出征的意思，他已鐵

心同日寇決一死戰。

民國廿七年十一月廿六日，姜仍久帶領一部分隊伍，在前往東北方向的豹虎山一帶觀察地形時，與日軍一部遭遇。姜仍久臨陣沉著冷靜，指揮有方，率部激戰一個多小時，將這股敵軍擊退，打死打傷敵軍三十多人，姜仍久所部僅傷一人。

在豹虎山吃了敗仗的日寇惱羞成怒，緊急從青島、煙台調來援軍，試圖進行報復。十一月廿八日深夜，日偽軍一路沿冶口南進，另一路從鹿道口至小阮屯東插，向鄭維屏、姜仍久的防地武林、小黃、臥龍一帶村莊推進，企圖一舉殲滅中國軍隊。十一月廿九日凌晨，日偽軍形成合圍態勢，從四面八方朝姜仍久等部設在向陽山的陣地撲去。向陽山現位於文登市草廟子鎮向陽村西南二公里處，主峰為黑石硼，海拔二七二·八〇米，東西延伸一千多米。姜仍久的臨時作戰指揮部，就設在主峰黑石硼北側的佛頂。當日軍從四面八方朝向陽山陣地撲去的時候，最高長官鄭維屏率所部三、四營借敵撤向道頭村的南山，不料一營竟畏敵逃向雙角山，陣地上僅剩下鄭維屏所部的二營和姜仍久率領的七百餘名海陽軍警部隊，時任海陽軍警部隊隨軍秘書，後任台灣輔仁大學教授的周紹賢先生回憶到，當年那次戰爭面對凶狠的日寇和密集的槍彈，姜仍久毫無畏懼，驍勇異常。他身穿一件黃綠色軍大衣，手握一支駁殼槍，往返奔跑於向陽山東西山頭，部署迎敵，指揮戰鬥。戰鬥中姜仍久不時地高聲叫喊，鼓舞將士鬥志。姜仍久還嚴令，無論戰鬥多麼殘酷，任何人不得投降和後退一步，違令者殺無赦。

在姜仍久身先士卒，英勇殺敵氣勢的感召下，七百海陽子弟同仇敵愾、奮勇向前，與日偽軍展開了殊死的搏鬥。當時日寇精兵銳馬，使用的是鋼炮、擲彈筒、機關槍等現代武器，空中有飛機在轟炸、掃射。而堅守在向陽山上的抗日將士們，用的卻是大刀、火銃、「抬杆砲」等原始武器。然而，我抗日將士豪無畏懼，依然愈戰愈勇，捨命頑強殺敵於陣前。

整整一個上午，向陽山槍炮隆隆、硝煙彌漫、地動山搖。日寇在猛烈

炮火的掩護下，連續向山頭陣地發起了四五次衝鋒，都被抗日將士們壓了下去。在白刃格鬥中，海陽軍警中的三四十名熟練武術的士兵，揮舞著手中的大刀，殺死殺傷不少鬼子。日寇死傷慘重，日軍軍官令村、艦長小官四郎先後被擊斃，戰鬥處於膠著狀態。此時，日軍利用占領的東側的山坡，用機槍瘋狂地向我守軍山頭陣地掃射，為了搶奪這挺機槍，姜仞久帶領一班勇士衝了下去，衝在前面的姜仞久彈無虛發，連續擊斃多名敵人，就在這時，姜仞久被另一個山頭上敵人射來的子彈擊中，倒地身亡。一代驍將，衛國抗敵，血灑向陽山上，時年姜仞久僅卅五歲。慘烈的戰鬥持續到黃昏，遭到重創的敵軍不敢戀戰，匆匆忙忙撤回威海衛，威震膠東的向陽山戰鬥至此結束。

這次戰鬥，日偽軍死傷二百多人，我方傷亡一百卅多人。向陽山一戰，海陽軍警大隊的七百將士殺出了軍威，震懾了敵人，駐威海衛日軍銳氣大減，一連一個多月蜷縮在威海衛未敢出動，南進計劃被迫推遲。

戰後，為表彰姜仞久及諸烈士的英勇抗敵為國捐軀，當時的地方國民政府在海陽發村舉行了隆重的追悼大會。追悼會歷時三天，參加軍民近萬人。共產黨領導的膠東抗日武裝「三軍三路」也派員參加了追悼大會。翌年政府又在發城村西為向陽山犧牲壯士建立了烈士祠，以示紀念。國民黨政府曾追授姜仞久烈士少將軍銜。

隨著國共之間的分分和和及歷史的變革，向陽山戰役如今已少有人提及，姜仞久烈士的親屬，也未能享受到應有的撫恤和待遇。但為國捐軀之先烈的功績是不可湮滅的。經各方工作，民國七十四年三月，經山東省人民政府批准，認姜仞久為革命烈士，並為其親屬頒發了《革命烈士證明書》。大陸中共海陽政府也對姜仞久烈士的生平事蹟進行了搜集整理，並對姜仞久烈士的故居予以修繕列為市級保護文物。至此那些長眠於地下的向陽山戰役的烈士英靈也算獲得了慰藉，正是：

將士血灑向陽山，一代英名彪汗青，後人當繼先烈志，橫刀立馬驅倭賊。

〈附錄三〉

抗戰勝利與國共內戰之檢討 王勝生

一、抗戰勝利的原因

　　由九一八起到七七正式對日抗戰，是攸關中華民族存亡的聖戰，而抗戰勝利是中華兒女團結禦侮，一致對外的中華民族保衛聖戰的勝利。

　　中國抗戰形成以國軍為主的「正面戰場」及以游擊戰為主的「敵後戰場」，至太平洋戰爭爆發後的「滇緬戰場」；在七七抗戰後的八年浴血奮戰中，我們國軍正面戰場部隊傷亡在三二〇萬多人，而在游擊戰中（包括八路軍）犧牲的也在八十萬左右，至一九四三年我們投入的軍隊達六五〇萬人，而游擊戰中也有百萬人之多；因此，父親的見證就是在山東省地區敵後游擊作戰的形勢，壯烈悲慘，九死一生，正如白崇禧將軍所言：『有人認為打游擊，乃保存實力之作法；殊不知敵後游擊，任務極為艱鉅，因補給困難；且多半以寡敵眾，以弱敵強；故必須官兵加倍淬厲奮發，機警勇敢，絕非保存實力者所能勝任。游擊戰，不打無把握之仗，此與孫子所云：「合於利而動，不合於利而止」；唐太宗所言：「見利速進，不利速退」有異曲同工之妙。』

　　抗戰能夠勝利是全國軍民團結一心，艱苦奮鬥，以「正面戰場」與「敵後戰場」相互配合，牽制日軍的兵力，並採取「以空間換取時間」的大戰略，讓日軍泥足深陷，進退維谷，再加上美軍在日本投下兩顆原子彈，終使日本天皇宣佈無條件投降。

二、國共內戰之檢討

　　（一）蔣委員長急於要消滅共黨

抗戰勝利，蕭毅肅將軍曾向蔣中正委員長建議：「八年抗戰雖然得到最後勝利，中國也付出了慘重的代價，不但民窮財盡，國家極待建設以復元氣，而全國的百姓也極多家園破碎夫死子亡，痛恨戰爭，若繼續與共黨作戰必定無法得到人民支持，上上之策，莫若先行調理國家元氣，再作良圖。」但此建言未獲蔣委員長同意；且陳誠呈上「六個月」可掃滅共黨方案，為蔣委員長採納。

今天我們檢討抗戰後實不宜再中國人自相殘殺，唯獨蔣委員長錯估形勢，造成國事日非，山河逐漸變色，令人浩嘆。

（二）軍事上該戰不戰喪失機宜

白崇禧將軍當年曾向蔣委員長報告說：「抗戰勝利後，林彪竄擾東北得蘇俄援助，佔據東北戰略要點四平街，國軍久攻不下，職奉鈞座命令前往四平督師，三日而攻克之，當時我統帥部曾獲諜報，蘇軍約六千潛留長春，故密令國軍不准渡遼河，職當時身臨前敵，關於共軍比較清楚，故本上級指揮官企圖曾獨斷下令，嚴飭杜總司令聿明，率部越過遼河追擊，攻佔長春、吉林。林匪所部死傷慘重，潰不成軍，確已失去戰鬥能力…」無奈意見未為蔣委員長採納，反而強迫東北國軍停止追擊，至今回憶起來，仍有令人痛心疾首之感。

（三）錯誤的作戰佈署導致全軍覆滅

徐蚌會戰的挫敗，是由於任命劉斐的用人不當，加以錯誤的作戰佈署，導致全盤皆輸。白崇禧曾建言提出「守江必守淮」集結軍隊在蚌埠、華中統一指揮，五省聯防的大戰略均未被採用，最後導致國軍六十萬大軍潰敗；而抽調黃維軍團十二萬人在開往徐州途中，不幸被共軍「圍點打援」幾乎全部犧牲。

三、中共勝利的原因有三大法寶

中國共產黨有三大法寶就是：（一）黨的建設—政治掛帥：黨指揮槍；（二）武裝鬥爭--游擊戰術：機動克敵；（三）統一戰線--人民戰

爭：農村包圍城市。

一九四七年共黨毛澤東說：「十七個月（一九四六年七月至一九四七年十一月止）作戰，共打死、打傷、俘虜了蔣介石正規軍和非正規軍一百六十九萬人…這樣，就使我軍打退了蔣介石的進攻…」。到一九四八年六月共軍已擴展到二百六十萬人；國軍只有二百十八萬人。到年底共軍大體上控制了整個長江以北的中國。中共完成毛澤東的「鄉村包圍城市」大戰略；蔣介石於一九四九年一月宣佈下野，十二月，國軍在四川的最後一仗敗退下來，內戰結束，中央政府也結束了在大陸的統治。

所以說，中共的成功是有三大法寶，而中國國民黨政府的失敗是蔣介石的驕傲、輕敵、好戰、不知彼又不知己！把同中共的作戰視同抗戰的延續，過於急燥，只知戰爭，不知停止，無視民窮財盡的現況；因此短短數年便導致將整個大陸淪陷，令人痛心。（當然還有經濟、政治、文化等因素）

次子王勝生著上校軍服與父親合影

〈附錄四〉

父親生平行誼

長子明生　長女馥妤
次子勝生　次女馥美
三子富生　四子貴生

　　父親王公凱聲，河北省靜海縣人，生於民國八年八月三日；祖父鳳和公，務農為本，淳樸節儉，父兆發公，莊嚴和藹，轉營天津「同泰公運輸公司」，家業漸興；母王太夫人，持家教子，懿行卓著，享譽鄉里，壽高九十辭世。

　　父親原名「玉林」，幼承庭訓，天資聰慧，體健好運動，十四歲即參加天津成人自由車長途賽，得銀牌一面。民國廿六年盧溝橋事變，先生年僅十八歲，毅然拋棄學業從軍抗日，赴威海羊亭參加抗日游擊隊；廿八年轉戰魯東，血戰盃甲山，與日軍纏鬥數月；次年返抵天津，一度從事敵後工作，易名「凱聲」。廿九年與天津名門王學貞女士結婚，卅年同返魯東戰區，卅一年夜襲劉公島，擄獲大批武器彈藥，在我國抗戰史上寫下光輝的一頁。隨後不久，日軍集結海、陸、空優勢火力報復，攻擊文登南營，父親率游擊隊與日軍喋血戰鬥七晝夜，左腕中彈受傷，為義民所救，潛返天津。卅二年生長子，取名「明生」。

　　民國卅四年八月十五日，抗戰勝利，舉國歡慶，中央宣傳部至濟南接收日產映畫館（電影院）三家，改名為大中、大華、大明電影院，委請父親經營，開演之前觀眾起立唱國歌，即為父親首創，此愛國意識，迅為全國電影院效法沿襲迄今。同年十月，生次子「勝生」。卅五年父親轉任青島警局第六科，與張喜田叔叔併肩辦案，不眠不休屢破巨案，樹建奇功，深受器重。同年底父親請辭警政工作攜眷回津經商。卅七年元月，生三子「富生」。五月間為響應蔣經國先生穩定經濟政策，籌組青島「聯昌公司」，由天津海運燃煤赴青島平價銷售，使民眾受惠。卅八年六月三日，

因時局緊迫，隨即攜眷與張喜田、郭美林、藍超群、王玉璞、郝宏恩等乘天運輸來台，定居台中市東南里市營巷，四十一年生長女「馥妤」。

民國四十二年復職，派台中縣后里鄉消防警察隊服務。四十四年著手研究「火災自動警報器」，四十五年生次女「馥美」。四十七年，父親研究「火災自動警報器」，經工業局試驗所檢驗合格。四十八年幼子「貴生」出生。四十九年調職台中縣烏日鄉消防小隊長，五十二年九月十二日，葛樂禮颱風來襲，釀成水災，先生擔任救災指揮，凌晨四時許率部屬及義消三十餘人，以橡皮艇分別救出災民八十餘人，空舟回航時，風雨驟急，不料竟被電桿斜線絆倒落入急流，遭洶濤滾石打傷，在水中掙扎甚久，千鈞一髮之際，猛然抓住一樹幹方得脫險，因此脊椎骨挫裂，而形成日後身體上最大之隱傷。同年十一月當選台中縣好

人好事代表，並因搶救水災有功，榮頒三等三級警察獎章。鄉民感仰其義行，因而博得「忠義」之名聲。

　　民國五十六年父親研製之「自動噴霧滅火器」成功，並招開記者會公開發表。五十九年當選模範軍人家屬，接受省主席表揚，同年八月一日退休，十二月一日創立「中美防火企業有限公司」經營消防器材業務，事業蒸蒸日上，至六十七年因前脊椎骨傷，身體漸感不適，遂將公司業務交由參子「富子」繼續經營。七十一年四月，父親將發明之「火災自動警報器」申請專利獲准，發給第一七六八號專利證書，父親畢生研究成果終獲各界肯定。

　　此後父親潛心於譜學研究，於七十二年十一月一日創刊「王氏世寶雜誌」闡釋先祖遺風；十二月將編纂數年之「王氏世寶」全譜出版，秉持著追遠敬宗，繼往開來之精神，造福宗親，並出版各姓氏專用之「傳家世寶」家譜，呼籲眾人尋根覓源。父親一生憾事，乃未能盡孝於父母，大陸探親開放後，前往探視母親王太夫人，惟抵達桂林之時，王太夫人已崩逝，探親變成奔喪，父親傷心甚鉅，悲慟不已，子欲養而親不在，嗚呼！哀哉！

　　父親待人至誠，剛正果敢，信守道義，律己甚嚴，恭謹廉明，終身受長官信任、同仁敬佩及親友部屬之愛戴；父親平時深愛于斌樞機主教為其所撰書之「吾心信其可行，移山填海之難，終有成功之日」格言，懸之座右，常目在之，並以此勉勵兒孫。母親學貞女士，溫柔賢慧，長奉母儀，十九歲與父親結婚，琴瑟和諧，鰜鰈情深，敬戒相莊，五十年如一日，生有子四女二，均有分有歸，有嫁有成，堪稱國幹，亦係家楨。母親曾於民國七十一年與七十五年兩度獲選警備總部模範母親，並接受台中縣長表揚，母儀為鄉里所稱道。

　　父親腰痛之病，源於前葛樂禮颱風之救災義行，傷及脊椎，逐漸形成骨刺壓迫神經，直接影響視覺及聽覺，並感腰痛、腿痛，從此身體日見衰弱，沉痾難療；於臥病其間，先住進台中省立醫院，而後轉入台北榮民總醫院，母親不眠不休細心照顧，無時或離。惟於七十七年十二月八日下午四時許，突感不適，經醫師急救，無力挽回，哲人其萎，哀哉！

　　父親秉性剛毅，其忠黨愛國，慷慨赴義之氣節，誠足以挽頹風而勵末俗。父親一生，參加抗戰，犧牲奉獻，為民服務，五十餘年如一日，如今兩岸在九二共識、和平發展，中華文化統一中國在望，惜父親未能目睹河山再造，同歸故園，恐以為憾也。

民國七十七年王凱聲母親去逝
守孝服照

王凱聲與王學貞恩愛夫妻合照

民國六十七年六十歲紀念昔日從戎抗戰於烏日豐龍社區建茅舍一間取名羊亭立為王氏會館

〈附錄五〉
父母親大事年表

父親王凱聲大事年表（原名：玉林，字景岳）及背景

1919　一歲，民國八年生於河北省天津市近郊趙家莊。當年五四大示威，拒對凡爾賽和約簽字。

1925　七歲，民國十四年讀私塾在天津縣楊家莊。當年國父孫中山逝世，廣東國民政府成立。

1927　九歲，民國十六年轉天津縣公立第一小學二年級考第一名。當年日本出兵東北，張作霖成立軍政府。

1930　十二歲，民國十九年轉天津市市立第十七小學三年級參加自行車賽與獲獎，同年參加新生活運動。

1932　十四歲，民國廿二年參加成人自由車賽獲銀牌。當年偽滿州國成立，日軍續犯熱河。

1934　十六歲，民國廿三年市小畢業考入民德中。在看放榜時第一次巧遇母親王學貞也在看榜，兩人都錄取。當年政府提倡新生活運動。中共在江西突圍向西北發展。日本發表四一七天羽聲明，排斥英美，以中國保護國自任。

1935　十七歲，民國廿四年參加學生抗日示威活動，於電影院又巧遇母親。當年日本壓迫中央軍退出河北。

1936　十八歲，民國廿五年加入中國國民黨。並參加萬國運動會，田徑賽獲第二名。當年西安事變。宣佈日本廣田三原則。

1937　十九歲，民國廿六年抗戰爆發，逃入法租界住楊家「參加組織」。八一三全面抗戰，日軍南京大屠殺；悲憤：「國難當前，我要效忠救國」父親下決心。

1938 二十歲，民國廿七年與未婚母親在法國花園約會，隨後去山東威海衛羊亭游擊區參加抗日作戰，先後參加崮山后、于家齊、豹虎山之役。日軍冬季攻勢激戰，日本海軍陸戰隊司令鈴木被我軍擊斃。

1939 廿一歲，民國廿八年參加吐羊口之役、向陽山之役、勝利崖之役、山東省黨政軍幹校受訓。日軍掃蕩激戰，連長叢永耕、旅長姜仞久陣亡；我軍突圍成功。偽軍趙寶元旅長起義來歸。日軍對我據點大肆轟炸。當年第一次長沙會戰。。

1940 廿二歲，民國廿九年日軍大掃蕩，我軍化整為零，先散後潛返天津西站工作，一度被檢舉為重慶份子，幸獲記者援助獲救出，十一月三十日與母親成婚。當年汪偽組織成立。

1941 廿三歲，民國三十年偕母親重返山東文登游擊戰區，任獨立團副團長，參加抗日與剿匪。無衣食艱苦，因山區空氣新鮮，母親肺病痊癒、十月到營南；游擊隊以十七天的時間，將文登、榮陽及威海這兩縣一區的十八據點佔領。

1942 廿四歲，卅一年春節，兄弟們一百餘人夜襲劉公島，游擊隊祇帶大刀與手榴彈，戮敵廿一人，虜獲大批武器，寫下光輝一頁。民國卅一年與日軍作戰，黃菴山之役，于家齊之役受傷被俘，母親逃難，幸得范偽軍救助。

1943 廿五歲，民國卅二年改名凱聲，在天津經商被偽新民會逮捕、獲救、出來，後繼續支援敵後工作。長子明生誕生。在青島參加組織，住中華棧。開羅會議就在這一年舉行。

1944 廿六歲，民國卅三年在天津經營草帽工廠及天一化工生產香皂，盈利資助戰區抗日將士留於平津眷屬及青年學生。

1945 廿七歲，民國卅四年抗戰勝利去濟南任大華戲院經理，到青島辦影片等，因中共破壞鐵路未返濟南，入青島警局工作。後又返天津聯昌公司改組入股。次子勝生誕生。對日抗戰勝利我國

在南京受降。

1946 廿八歲，民國卅五年青島警局派往救濟總署及軍調處三人小組服務，維護美軍五人小組安全；當年國民大會通過中華民國憲法。馬歇爾發表國共難以調解之聲明。

1947 廿九歲，民國卅六年青島警局與保密局肅奸大掃蕩，破侯子久案後，反被共諜挑撥，辭職返天津，入聯昌公司。當年「中華民國憲法」公佈。下戡亂令，中共成立東北人民政府。

1948 三十歲，民國卅七年，與聯昌公司唐經理策劃北煤南運成功。第三子富生誕生於天津老家。當年國民大會選舉蔣中正為總統。國軍撤退東北。第一屆立法院集會。

1949 卅一歲，民國卅八年中共四十萬大軍在江陰渡江，上海淪陷，武漢失守，全國局勢惡化，決追隨政府來台，乘青島警局租「天運輪」六月一日啟航，三日抵舟山群島避風，驚險中抵基隆。

1950 卅二歲，民國卅九年蔣總統復職。國軍撤海南島及舟山。中共參加韓戰。父親攜全家至台中市郊購屋居住，生活困苦。當年陳誠任行政院長；大陸毛澤東赴俄，訂「中蘇友好同盟條約」。

1952 卅四歲，民國四十一年長女馥美誕生於台中市力行路木屋。父親參加勞軍賽輪大會比賽獲二〇〇〇尺比賽第一名。當年中日和平條約在台北簽字。

1956 卅八歲，民國四十五年次女誕生於台中縣后里鄉。當年政府聲明南沙群島之主權。

1959 四十一歲，民國四十八年四子貴生出生於台中醫院。大陸劉少奇任中共主席，彭德懷被整肅。

1970 五十二歲，民國五十九年成立「中美防火企業有限公司」並榮獲「差動式火警探測器」專利證書新型一七六七號。同年美毛

恢復華沙會談，美副總統安格紐訪華。日本對我釣魚台列島主權提出異議。

1988 七十歲，民國七十七年四月九日玉璞叔及嬸靜華女士，赴大陸旅遊找到父親堂兄玉山大哥住天津楊庄子老家。八月廿五日父母親往大陸柳州市探親，驚悉奶奶已於八月廿日因腦溢血去世。父親八月卅日飛北京回天津老家見玉山堂哥，得知爺爺於民國六十年即已去世，父親覓父墳掃墓，九月一日訪汪二哥、老姑女兒表妹袁張秀榮等。十二月八日病逝台北榮總醫院。

母親王學貞大事年表

1922 一歲，民國十一年二月生於南京市，父王擢儒公，母王朱夢華女士。

1924 三歲，民國十三年父任職南京警察署長，與父母生活於南京。

1931 十歲，民國二十年擢儒公辭官回天津，住河東獅子林，就讀天津市立第七小學。

1934 十三歲，民國廿三年考取天津明德中學，當選校代表隊及童軍中隊長，品學兼優。

1935 十四歲，民國廿四年父中風去世與母相依為命。當年殷汝耕成立偽冀察綏自治政府。

1937 十六歲，民國廿六年民德中學畢業，適逢抗日戰爭爆發，失學避難。

1938 十七歲，民國廿七年任職天津光明小學，並參加抗日救亡工作。

1939 十八歲，民國廿八年轉業天津前門攝影公司任會計，此時接到王凱聲之書信。

1940 十九歲，民國廿九年被密告為抗日份子，遭逮捕，受刑訊堅不吐實，凱聲挺身出面投案，生死同命，幸得助於新聞界正義報

導，與凱聲同獲救，隨後於十一月二十日與凱聲結婚。

1941　二十歲，民國三十年婚後逾年再受偵訊，與凱聲偷渡煙台轉文登抗日基地，參與敵後游擊戰。當年太平洋戰爭後，政府對日、德、義宣戰。第二次長沙會戰。

1942　廿一歲，民國卅一年參加抗日反掃蕩作戰，血洒半島，凱聲負傷得助偽軍送醫，僑裝漁女探夫病於威海衛。當年第三次長沙會戰、緬甸會戰。

1943　廿二歲，民國卅二年為留嗣不顧危難再潛返天津婆家分娩，長子明生出生。

1944　廿三歲，民國卅三年凱聲返津被日寇逮捕入獄四十一天釋出，設立天一化工廠、草帽工廠，暗為戰區工作。當年中、美、英、蘇公佈聯合國草案，中美聯軍奏捷緬北。

1945　廿四歲，民國卅四年對日抗戰勝利，榮返天津，至婆家生產次子勝生出生。同年凱聲派往濟南接收大中大華電影院。當年簽中蘇友好同盟條約，俄軍入東北，台灣光復。

1946　廿五歲，民國卅五年與夫凱聲會合青島，夫任職青島警局，自己代理聯昌公司業務。當年國民大會通過中華民國憲法。馬歇爾發表國共難於調解之聲明。

1948　廿七歲，民國卅七年聯昌業務鼎盛設分公司供青島市能源，名利雙收，第三子富生出世，在婆家天津生產。當年國民大會選舉蔣中正為總統，國軍撤退東北。

1949　廿八歲，民國卅八年好景不常，大陸變色，聯昌公司資產陷天津總公司，與夫攜三子與母親（王朱夢華）全家乘天運輪來台。當年一月，蔣總統引退。四月南京陷落，六月青島淪陷。

1952　廿九歲，民國四十一年遷台中力行路木屋時長女馥好出生。當年中日和平條約在台北簽字。

1956　卅五歲，民國四十五年住后里內埔養雞種菜彌補家計，次女馥

美出生。天主教受洗。

1959 卅八歲，民國四十八年二月廿七日第四子貴生出生於台中醫院，一家和樂，生活雖然艱苦，但很幸福。當年中共劉少奇任主席，彭德懷被整，大陸反右傾機會主義運動。

1982 六十一歲，民國七十一年五月九日母親當選為台中縣「模範母親」，接受縣政府表揚。

1986 六十五歲，民國七十五年五月十日母親再度榮獲台中縣「模範母親」，接受縣長表揚。

1987 六十六歲，民國七十六年十一月一日政府開放大陸探親。同年因患膽炎手術切除。

1988 六十七歲，民國七十七年八月廿五日隨夫返大陸探親變奔喪。十二月八日夫病逝榮總。

1990 六十九歲，民國七十九年春節玉璞叔嬸與馥娉來烏日羊亭過春節，母親、姥姥等大家歡樂團聚。

1991 七十歲，民國八十年二月六日母親七十大壽；八月廿九日姥姥仙逝，高壽九十二歲。

1993 七十二歲，民國八十二年赴大陸探親觀光走訪親友。

1994 七十三歲，民國八十三年治療疾病開刀住院，顏面受損，年底康復出院。

1995 七十四歲，民國八十四年全家回台中烏日過春節，兒孫滿堂，其樂融融。

1997 七十六歲，民國八十六年往美國探望孫兒，遊迪士耐樂園、覽好萊塢影城。

1998 七十七歲，民國八十七年十二月二日，蒙主恩召，病逝台中榮總。

〈附錄六〉

朱夢華老夫人外傳　　　　　王凱聲

王凱聲之岳母朱夢華老夫人（我們稱為姥姥）

　　我的岳母朱夢華老夫人，原籍浙江，父朱少雲清朝為官，至民國初年留任在東北某省電報局長，殞於東北，母任氏孤單一人居天津，有一老佣人李文明照顧她生活，弟朱延光交通大學畢業，任職鐵路局，抗戰初期隨政府赴大後方重慶。當日寇侵佔了天津，食糧奇缺，吾自魯東第一次返津時，尚未與學貞女士結婚，曾隨夢華夫人去探望任氏老太太，常帶些食糧去，因為當時食糧管制，必須持良民證排隊幾小時，才買到幾斤棒子麵（黃米粉）。李文明是一位忠僕，與主家生死不離，患難與共，老爺過世，少爺去了大後方，惟忠心耿耿扶侍孤苦多病的老太太。抗戰勝利朱延光到了台灣出任鐵路局要員，派人將老母接來台灣，不久就升遷交通部路政司長。民國四十二年我們居住後里時，曾接到朱延光一信，得知老母任氏已過世。

　　夢華夫人當年也曾風雲南京，身為南京警察署長夫人之尊，署長翟儒公原屬北洋軍王桂林麾下，民國十五年先總統　蔣公誓師北伐，革命軍克

復武漢、福建、江西等地，大軍指向南京，擢儒公首先響應。民國十六年南京組織國民政府，留任擢儒公為警政署長，不久即辭官遷徙天津，民國廿四年中風去世，當時留給夢華夫人房產、珠寶飾物等，足可維持母女二人生活無虞。但是夢華夫人心地

民國七十五年十二月姥姥與日新、策新、又新、思亭、思渝、瀚雲、冠華等同樂。

善良，不懂珍惜金錢，善加利用，均被擢儒公生前部下們連借帶騙的弄光了。

夢華夫人對女兒學貞女士管教甚嚴，中學時期仍不准獨自一人上街購物、出遊、看電影，生活行動都受約束。讀書上下課都要按時來去，有包車（黃包車）接送，不准與男同學交往。女同學之間或學校的活動，也都查詢清楚，當畢業那年吾曾連續寫去卅六封信，未獲回音，自第一封起都被扣留，經過一一檢查與評估後，認為尚無荒謬之詞，這才全部交與女兒，並准予回信。民國廿七年三月十七日女兒第一次與吾赴約，於天津法租界法國公園銅人下，使吾感到意外的是，竟然是夢華夫人陪同女兒準時來臨，雖僅寒喧數語，即挽離去，但夫人雍容華貴，儀態肅然，令人起敬。

當年前門事件發生後，報刊雜誌主持正義成為新聞，披露了女兒姓名，夢華夫人深受震撼，於是在接受了吾家求婚後，遷居大夥巷，但在訂

婚後曾一度被捕，繫押日本憲兵隊，吾聞訊即刻投案，生死與共，幸同學陳文會營救獲釋。吾與學貞結婚後逃離天津，同赴魯東戰場，後因反掃蕩大戰受傷，學貞偷渡津門產子，勝利後初復員青島，再避赤禍移民台灣。四十五年來一連串的驚險，長期的貧窮多難。夢華夫人為女兒犧牲奉獻，照顧外孫六人不眠不休、付出的愛心與辛勞，毫無怨言，供他們一一由襁褓中而至茁壯，此恩此情無以為報，似天高似海深，謹撰外傳一篇，望吾門王氏後裔子子孫孫毋忘恩澤。（勝生附記：朱夢華女士是母親的媽媽，我們叫「姥姥」，隨父親一起來台生活，多年後在台仙逝）

王凱聲與民國五十九年明生中尉、勝生在軍校、富生服役憲兵、三子著軍服、學貞、姥姥等全家合照。

〈附錄七〉

抗戰期間激昂慷慨的歌曲及沉痛的詩詞

《保衛黃河》

風在吼 馬在叫　　青紗帳裡
黃河在咆哮　　　　游擊健兒逞英豪
黃河在咆哮　　　　端起了土槍洋槍
河西山崗萬丈高　　揮動著大刀長矛
河東河北高梁熟了　保衛家鄉
萬山叢中　　　　　保衛黃河
抗日英雄真不少　　保衛華北
　　　　　　　　　保衛全中國

《大刀進行曲》

大刀向鬼子們的頭上砍去，
全國武裝的同胞們，
抗戰的一天來到了，
抗戰的一天來到了。
前面有東北的義勇軍，
後面有全國的老百姓，
咱們中國軍隊勇敢前進！
看準那敵人，
把他消滅！把他消滅！〔喊：衝啊！〕
大刀向鬼子們的頭上砍去！〔喊：殺！〕

《抗敵歌》

中華錦繡江山誰是主人翁
我們四萬萬同胞
強虜入寇逞兇暴
快一致永久抗敵將仇報
家可破 國需保 身可殺 志不撓
一心一力團結牢
努力殺敵誓不饒
努力殺敵誓不饒
中華錦繡江山誰是主人翁
我們四萬萬同胞
文化疆土被焚焦
須奮起大眾合力將國保
血正沸 氣正豪 仇不報 恨不消
群策群力團結牢
拼將頭顱為國拋
拼將頭顱為國拋

《黃水謠》

黃水奔流向東方　　自從鬼子來
河流萬里長　　　　老百姓遭了殃
風又急 浪又高　　姦淫燒殺一片悽涼
奔騰叫嘯如虎狼　　扶老攜幼四處逃亡
開河渠 築堤防　　丟掉了爹娘 回不了家鄉
河東千里成平壤　　黃水奔流日夜忙
麥苗兒肥啊 豆花香　妻離子散天各一方
男女老少喜洋洋　　妻離子散天各一方

《無題》

她在家門別　　　　孩子
他在路上亡　　　　你就是被遺棄的娃娃
她在階前死　　　　也不要把眼睛闔上
他在戰場殤　　　　媽 別哭
七夕是生離　　　　你肢離的臂
七七的夜　　　　　還緊緊摟在頸項
是憤怒的前引　　　只是冷涼
在橋　　　　　　　不能為我拭淚
在川　　　　　　　不能為你掩泣
在山巔　　　　　　那麼就讓我們粉碎的骨肉
在水茫　　　　　　是遲滯狼行的秋雨
悽悽的是血染的黃河　阻斷飛蝗的風雲
戚戚的是肉築的長城　兄弟 天亮了
他以淚燃燒眼中的怒火　把前夜的霜露擦乾
他以肩磨損豪豬的利牙　把手握的刀槍掌緊
我的胸膛就是炮火的碉堡　跳上去
切齒無言的　　　　母親散亂的髮
遙望遠方　　　　　孩子乾凝的血
遠方　　　　　　　妻子撕裂的裳
孩子 莫怕　　　　已匯成鑄鋼的鐵漿
媽在你身旁　　　　跳上去
你最後欲掙執的衣袂　讓敵人的頭顱成祭酒的杯
已是炮火震碎的餘灰　讓敵人恒為無歸的遊魂
是硝煙薰炙的枯葉　　痕是千載恨
我們躺在自己的土地上　仇是萬世讎
河乾涸了　　　　　只有讓侵略
有淚成河　　　　　永世的絕滅
地貧瘠了　　　　　方能慰我永垂的河山
有血成渠

〈附錄八〉

王勝生舉行『威海風雲 烽火凱聲』新書發表會

洛杉磯時間：2015-7-2　　消息來源：環球

【環球通訊社訊】『海外國統會』會長王勝生於2015年6月30日星期二中午11點30分在洛杉磯蒙市新港城餐廳，召開《威海風雲，烽火凱聲》新書發表會，以紀念抗戰勝利70週年。

該書由王勝生教授依據父親王凱聲手稿撰寫，細訴其王凱聲七十年前參加七七抗日戰爭記實。

美國易經學會會長段建華對《威海風雲，烽火凱聲》一書的書評，他表示，今天正值全世界紀念抗日戰爭七十週年前夕，看到王勝生博士的新書《威海風雲，烽火凱聲》隆重出版，為這場世界性弘揚正義與和平的紀念盛事，注入了鮮為人知的可歌可泣內容。通常我們多看到的是硝煙戰火的抗戰史實、故事。而本書的主人公卻是位在敵人後方，隱蔽戰線，地下鬥爭的英雄，這就是作者王勝生的令尊王凱聲先生。他的紀實，活生生的展現了，在日寇的蹂躪下，中華兒女不屈不撓的頑強反抗。他們在敵人眼皮底下，保存有生力量，與日寇漢奸周旋鬥爭。正是「窮死不投降，餓死不變節」，「忠孝難兩全，紛紛成仁去」。本書字裡行間驚心動魄，段段史實催人淚下。這本書不僅是控訴日寇的新的檄文，而且是對幾乎被遺忘的特殊戰線上抗日史實的「鉤沉」。其意義非凡，史料價值極高。是一本不可多得的好書。

　　美國普林頓大學游芳憫教授表示，王勝生教授爲紀念抗日戰爭勝利七十週年，追思其　令尊王凱聲當年參加抗戰之親身經歷，寫成《威海風雲，烽火凱聲》一書，內容顯示當年中華兒女在愛國情操鼓之下，對日本帝國主義旳侵華行動，發揮了保國衛民的最高情操，在蔣介石領導之下，王凱聲參加三民主義青年團及作爲中國國民黨忠貞黨員，精忠報國，令人感動，尤其對家庭倫理之重視，兄弟姊妹之間，感情深厚，更能抱著愛人以德的儒家精神，感恩所有親朋好友之間的情誼，本書實爲具有啓發性之佳作，值得人手一冊詳加研讀，從而發揮社會教育的功能，他拜讀之餘，不勝感佩。

新書發表會照片：徐和生副會長（左一）、菊子作家（左二）、段建華博士（左三）、薛平華主席（右五）、游芳憫教授（右四）、叢培欣（右三）、孔憲中（右二）、作者王勝生（右一）。

🦅 獵海人

威海風雲 烽火凱聲
——王凱聲先生參加八年抗戰紀實

作　　者　　王勝生
圖文排版　　小 P 工作室、孫光
封面設計　　小 P 工作室
出 版 者　　**王勝生**
　　　　　　kiss9who@yahoo.com.tw
　　　　　　手機：+886-978778932
　　　　　　直播：Youtube 王勝生
製作發行　　獵海人
　　　　　　114 台北市內湖區瑞光路76巷69號2樓
　　　　　　電話：+886-2-2518-0207
　　　　　　傳真：+886-2-2518-0778
　　　　　　服務信箱：s.seahunter@gmail.com
展售門市　　**國家書店【松江門市】**
　　　　　　10485 台北市中山區松江路209號1樓
　　　　　　電話：+886-2-2518-0207
　　　　　　三民書局【復北門市】
　　　　　　10476 台北市復興北路386號
　　　　　　電話：+886-2-2500-6600
　　　　　　三民書局【重南門市】
　　　　　　10045 台北市重慶南路一段61號
　　　　　　電話：+886-2-2361-7511
網路訂購　　博客來網路書店：http://www.books.com.tw
　　　　　　三 民 網 路 書 店：http://www.m.sanmin.com.tw
　　　　　　金石堂網路書店：http://www.kingstone.com.tw
　　　　　　學思行網路書店：http://www.taaze.tw
法律顧問　　毛國樑　律師

初版一刷：2015年6月
二版一刷：2018年5月
二版二刷：2022年6月
定　　價：480元

ISBN　　　978-957-43-2594-8

Printed in Taiwan

國家圖書館出版品預行編目

威海風雲 烽火凱聲：家父王凱聲抗日戰爭八年紀
實 / 王勝生著. -- 臺北市：王勝生, 2015.06
　　面；　公分
　　ISBN 978-957-43-2594-8(平裝)

　1.王凱聲 2.臺灣傳記 3.中日戰爭

628.5　　　　　　　　　　　　　104011046